MITOS, LEYENDAS Y CUENTOS POPULARES DE LATINOAMÉRICA

De oro y esmeraldas

RELATADO E ILUSTRADO POR LULU DELACRE

SCHOLASTIC PRESS
NEW YORK

P A R A

Dianne Hess,
quien me ayudó a moldear la arcilla

Y P A R A

mi esposo, Arturo Betancourt,
y mis hijas, Verónica Elena y Alicia María,
por su aliento, comprensión,
y paciencia inagotables.

—L. D.

Muchas gracias por su ayuda a Cecilia Capestany, Carolina Esteva, James Greensberg, John Hébert, Graciela Italiano, Marijka Kostiw, Tracy Mack, Teresa Mlawer, Priya Nair, Marta Orzábal Quintana, Ethel Ríos de Betancourt, Dr. Alberto Romo, Diana Sáez, Gaby Vallejo, y muy especialmente al Dr. Georges Delacre, gran educador y padre.

La autora agradece a Ione María Artigas de Sierra y a Patrick McNamara la verificación de datos.

Library of Congress Cataloging-in-Publication Data

Delacre, Lulu.

De oro y esmeraldas : mitos, leyendas y cuentos populares de Latinoamérica / [retold by] Lulu Delacre.

p. cm.

Includes bibliographical references.

ISBN 0-590-67683-0 (alk. paper)

1. Legends — Latin America. 2. Indians — Folklore.
3. Indian mythology — Latin America. 4. Tales — Latin America. I. Title.

GR114.D45 1996

398.2 '098 — dc20   95-20648

CIP

AC

12 11 10 9 8 7 6 5 4 3 2 1   6 7 8 9/9 0 1/0

Printed in Singapore   46

First printing, September 1996

The display type was hand lettered by Lulu Delacre

The text type was set in Garamond No. 3 by Monotype Composition Company, Inc., Baltimore, Maryland

The paintings in this book were done in oil over primed canvas.

Índice

Latinoamérica

Estados Unidos
de América

TEXAS

FLORIDA

Golfo de México

México

Islas
Bahamas

CIUDAD DE
MÉXICO

*República
Dominicana*

Océano Atlántic

Cuba

SAN JUAN

OAXACA

Haití

Puerto Rico

Belize

Jamaica

La Española

Guatemala

Honduras

Mar Caribe

Antillas Menores

El Salvador

Nicaragua

*Trinidad
y Tobago*

Costa Rica

Venezuela

Guyana

*Guyana
Francesa*

Panamá

BOGOTÁ

Suriname

Colombia

Océano Pacífico

QUITO

Ecuador

Perú

Brasil

LIMA

CUZCO

Lago Titicaca

LA PAZ

Bolivia

Las fronteras de los países son actuales.

LAS ÁREAS EN ROJO
MUESTRAN LATINOAMÉRICA

GRAN CHACO

Paraguay

AMÉRICA
DEL NORTE

TRIBUS INDÍGENAS

INCLUIDAS EN EL LIBRO

Chile

AMÉRICA
DEL SUR

TAÍNO

ZAPOTECA

Argentina

MUISCA

INCA

Uruguay

SANTIAGO

BUENOS AIRES

Prólogo

América estaba poblada por muchas tribus indígenas cuando los españoles comenzaron a llegar en 1492. Cada tribu indígena era una nación en sí misma con su propia cultura y lengua. Entre ellas se encontraban los taínos, hospitalarios y dóciles, que se habían establecido en Puerto Rico, la Española, Cuba, Jamaica y las Bahamas; los indios zapotecas, que eran grandes arquitectos, residían en lo que hoy es Oaxaca, México; los muiscas, renombrados orfebres del oro, vivían en Colombia. El Imperio Inca abarcaba Ecuador, Perú, Bolivia, Chile y Argentina.

La llegada de los españoles, en busca de tesoros para enriquecer los cofres reales y con la idea de convertir al cristianismo a los nativos, cambió el carácter de las Américas de tal forma que es evidente aún hoy día. Parte del legado español es la lengua, parte, la religión y parte la cultura europea que se fundió con las diferentes culturas indígenas en muchos grados y niveles.

Hoy en día, Latinoamérica posee un caudal de mitos precolombinos, procedentes de las diferentes tribus indígenas, y de leyendas que surgieron tras la llegada de los españoles. En las páginas siguientes encontrarás doce mitos, leyendas y cuentos populares, llenos de magia y belleza, que reflejan su historia colorida y fascinante.

Déjate llevar en este maravilloso viaje que, partiendo del Caribe y siguiendo hacia el sur hasta Bolivia, te permitirá conocer la sabiduría popular que emana de las cuatro culturas indígenas mencionadas. Y observa cómo cambió al fundirse con la cultura española hasta convertirse en parte de la literatura latinoamericana tal y como la conocemos hoy.

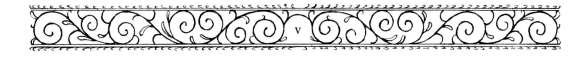

AGUACATE · AREPA · ATOL · BOHIO · BORIQUEN · CANOA · CAYO · CEIBA · CUBA · GUACAMAYO · GUARAGUAU · GUAYACAN · GUIRO · HABANA · HAITI · HAMACA · HUCAR · JUEY · MAJE · MANI · MARACA · YAGUA · YAGRUMO · YAREY · ZEMI

Mam
Papayas
Quenepas
Guayabas
Yautía
Yuca
Boniato

De las tierras de los taínos

SOBRE LOS TAÍNOS

Entre las tribus de indios que habitaban las islas conocidas como Puerto Rico, la Española (Haití y la República Dominicana), Cuba, Jamaica y las Bahamas se encontraban los taínos. Se les aplicó dicho nombre que, en arahuaco, su lengua natal, quiere decir noble o bueno, porque varios de los indios se identificaron ante Colón con esa palabra para diferenciarse de otras tribus guerreras que habitaban en las islas cercanas.

Los habitantes de Puerto Rico y la Española eran los más avanzados culturalmente. Eran buenos labradores que vivían en forma rudimentaria en poblados gobernados por jefes o caciques.

A través de documentos de los cronistas se sabe que había alrededor de 600.000 taínos en las áreas ya mencionadas cuando llegó Cristóbal Colón. Los indios taínos ya no existen. Fueron diezmados debido al trabajo forzado, las guerras contra los españoles y las plagas europeas a las cuales no eran inmunes.

Actualmente, la herencia indígena se encuentra en los vocablos taínos comúnmente usados por los hispano-parlantes de las áreas de donde provenían, en las tallas de piedra, madera, concha y hueso y en la alfarería que dejaron tras ellos y en un gran número de frutos que introdujeron a los europeos. Además, los españoles, al mezclarse con las bellas indígenas, dejaron tras sí una nueva casta. Pero es quizás en la afable disposición y hospitalidad de los caribeños de hoy en día, que mayormente perdura el espíritu taíno.

1

Cómo nació el mar

Un mito taíno

En las tinieblas de la antigüedad de los tiempos, cuando el mundo era joven y estaba poblado de los ancestros de dioses posteriores, existió Yaya. Yaya era la esencia, el origen de la vida, el creador. Yaya era el gran espíritu.

Yaya tenía esposa y un hijo llamado Yayael. Los tres convivían juntos y en armonía. Yayael era un hijo obediente y hacía todo aquello que se le pidiese. Mas según el niño fue creciendo, las cosas cambiaron. Aprendió a pensar por sí mismo y no siempre estaba de acuerdo con lo que su padre, el gran espíritu, le decía. En fin, Yayael se convirtió en un joven tan voluntarioso que un buen día dejó de obedecer totalmente a Yaya. Solamente hacía lo que él quería. Le replicaba insolentemente a su padre y le faltaba al respeto en tal forma que éste terminó por enfurecerse.

—Abandonarás el hogar inmediatamente y no regresarás sino hasta que pasen cuatro lunas —le dijo, acongojado, el gran espíritu a su hijo.

Así se hizo. Yayael partió y después de cuatro meses retornó a su hogar. Mas la furia de Yaya no se aplacó en el tiempo transcurrido, e iracundo, mató al turbulento y voluntarioso joven. Arrepentido y lleno de tristeza, Yaya recogió los huesos de Yayael y cuidadosamente los colocó dentro de una calabaza ahuecada que colgó del techo de su bohío, y allí quedaron.

Al transcurrir el tiempo, Yaya anheló ver de nuevo a su hijo. Así que un

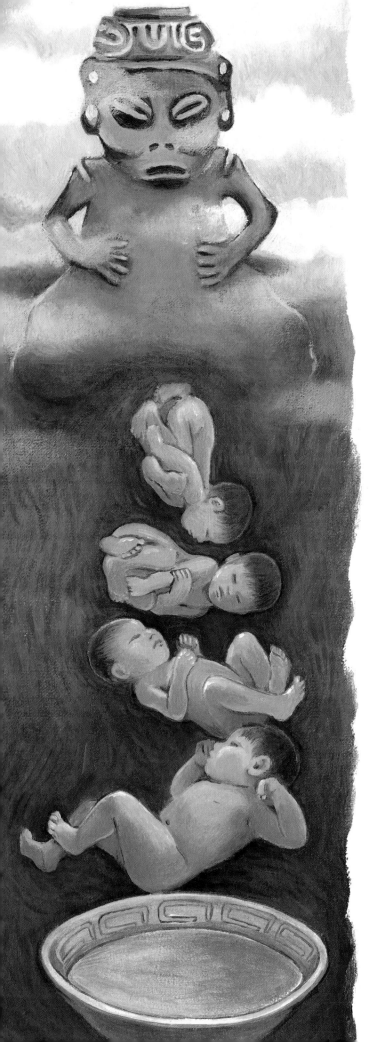

día, junto a su esposa, descolgó la calabaza y miraron adentro. Para gran sorpresa de ambos, ¡los huesos habían desaparecido! En su lugar nadaba una multitud de peces de todas formas, tamaños y colores. Había peces grandes y pequeños, peces gruesos y delgados, peces dorados y plateados e incluso peces multicolores. De primera intención no supieron cómo interpretar todo esto. Pensaron largo tiempo en el asunto y al ver que los peces eran frescos y abundantes, decidieron comérselos. Pero mientras más peces comían, ¡más peces resurgían!

Cierta vez, en las cercanías del bohío de Yaya se escuchó un alarido penetrante quebrar la serenidad de la noche. Lo siguió un segundo grito, un tercero y finalmente un cuarto. Itiba Cahubaba, la Madre Tierra, acababa de parir cuatro criaturas, cuatro gemelos sagrados.

El primogénito de Itiba era un niño de piel muy áspera, así que ella lo llamó Deminán Caracaracol. Deminán creció curioso y temerario. Era un cabecilla por naturaleza y sus hermanos lo emulaban y seguían a todas partes.

Desde muy pequeño, Deminán había escuchado acerca del misterioso Yaya y en más de una ocasión había deseado conocer más sobre el poderoso espíritu. Una vez vio a Yaya dejar su bohío. Lo siguió cuando éste se dirigía a su conuco, el huerto elevado. En ese lugar, Yaya cultivaba maíz y yuca. Deminán se percató de que esa visita matutina era una rutina diaria. Así que una mañana muy temprano esperó con sus hermanos en los alrededores. En cuanto Yaya fue a trabajar en el conuco, Deminán Caracaracol condujo rápidamente a sus hermanos al bohío. Allí descubrieron, colgada de lo alto del techo, la calabaza mágica.

Al bajarla vieron peces de todas formas, tamaños y colores que nadaban adentro. Los peces parecían tan deliciosos que no pudieron resistir la tentación y se los comieron. Estaban por terminar tal manjar cuando Deminán presintió la proximidad de Yaya. Temiendo la furia divina, los gemelos inmediatamente trataron de colocar la calabaza en su lugar. Pero ésta resbaló, cayó al piso y se quebró en muchos pedazos.

En ese instante, un manantial de agua brotó de la calabaza rota. Cubrió la tierra de ríos y lagos, de océanos y mares. En el agua dulce y salada nadaban precipitadamente peces de todas formas, tamaños y colores; peces grandes y pequeños, peces gruesos y delgados, peces dorados y plateados e incluso peces multicolores, como el arco iris.

Y fue así, como de los huesos de Yayael nació el mar.

Se cuenta que los indios taínos solían colgar de uno de los pilares del bohío una canasta que contenía una calavera humana. Lo hacían cuando los días eran más cortos y el sol no calentaba tanto. Era para propiciar una abundante temporada de pesca y evocar la memoria del joven fallecido, de cuyos huesos nació el mar.

Guanina

UNA LEYENDA PUERTORRIQUEÑA, 1511

Los reflejos vespertinos dorados y carmesíes del sol del Caribe centelleaban sobre la oscura piel de Guanina. Mas ni los juegos de luces sobre su rostro, podían ocultar el temor en sus ojos. Había escondido las nuevas demasiado tiempo, desgarrada como estaba entre la lealtad a su gente y el profundo amor que sentía por don Cristóbal de Sotomayor, el conquistador español.

Guanina era la sobrina de Agüeybana, el gran cacique taíno que apenas hacía tres años había acogido a los invasores españoles en la isla de Boriquén. Los había recibido con gran hospitalidad, incluso dejó que don Cristóbal construyese una vivienda en su aldea. Pero las cosas ya no eran como antes.

Guanina entró precipitadamente en la amplia vivienda de su amante y lo encontró sentado junto a la ventana. Parecía estar apesadumbrado, como tantas otras veces recientemente, perdido en las reminiscencias de sus días pasados entre la nobleza y la corte de su lejana España.

—¿Qué te ocurre, mi bella Guanina? —preguntó cuando se percató de que estaba junto a él—. ¿Por qué hay temor en esos ojos, siempre relucientes y vivaces?

—Debes huir de inmediato, amor mío —ella le susurró—. ¡Los caciques de Boriquén han acordado tu muerte! Yo conozco las cuevas más recónditas de nuestra isla. ¡Déjame ocultarte en una de ellas!

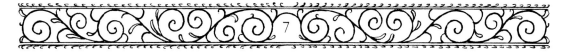

—Mi querida y tontuela Guanina, tu gente ha sido doblegada, ya no han de rebelarse. Son cual árbol que se dobla y quiebra. Ya no se erguirán jamás.

Los ojos negros de Guanina lo miraron con dureza.

—Mi gente fue engañada. Creyeron a los españoles sus amigos. Sin embargo, han sido humillados y esclavizados. Se han visto forzados a trabajar en las minas en busca del codiciado oro para enriquecer el tesoro español.

—Te noto rebelde, mi amor —le dijo acercándola y besándola dulcemente en las sienes.

Guanina se enterneció.

—Sólo digo lo que siento, mi señor. Me veo obligada a advertirte sobre la sentencia porque te amo y no quiero verte morir.

En ese instante, Juan González, el único en poseer total dominio del arahuaco, la lengua de los taínos, los interrumpió en la intimidad de su mundo.

—¡Mi capitán, los indios están tramando una rebelión formidable! Acabo de presenciar un areíto. Durante la ceremonia ritual incluso sus encomendados han jurado matarlo. ¡Huyamos ahora mismo y en secreto a Villa Caparra!

Por un instante breve, Guanina se sintió esperanzada.

—¡Ni he de huir ni he de esconderme! —gritó indignado don Cristóbal—. Soy un Sotomayor y no han de llamarme cobarde.

González trató en vano de razonar con don Cristóbal. Era inútil.

—¡Partiré orgulloso en la mañana, acompañado de los mismos que hoy me amenazan! Ahora retírate González, déjame solo.

La mirada melancólica de Guanina se apartó del rostro, rojo de furia, de don Cristóbal, y se posó en el mar que se veía por la ventana. Confundida, se retrenzó su cabellera al estilo castellano, como le había enseñado su amante. Una vez más deseó que los españoles nunca hubiesen llegado. Una vez más añoró la tranquilidad de tiempos pasados que podría no regresar.

Cuando el intérprete hubo partido, don Cristóbal atrajo a Guanina a su lado. Tomó sus manos con dulzura, llevándolas junto a su corazón y en el crepúsculo insular se trenzaron con vehemencia en besos llenos de amargura.

Al día siguiente, en la calma del amanecer, Juan González tocó calladamente a la puerta.

—Hemos estado velando vuestro sueño, señor, pero el tiempo apremia. ¡Tenemos que partir cuanto antes!

—¡Tráeme a Guaybana, el cacique! —respondió don Cristóbal bruscamente. González obedeció.

Guaybana era hermano de Guanina. Había heredado el cacicazgo de la isla a la muerte de su tío y gran jefe, Agüeybana. Pero a diferencia de su generoso y hospitalario tío, odiaba a los colonos blancos y había jurado venganza.

Al entrar Guaybana al salón, miró de reojo a su hermana y fríamente saludó a don Cristóbal.

—Guaybana —díjole don Cristóbal al jefe—, consígueme un grupo de tus naborias para escoltarme a Villa Caparra. ¡Necesito los sirvientes de inmediato!

González tradujo las órdenes del capitán y tan pronto el jefe indígena se fue, se dirigió angustiado a don Cristóbal:

—¿Por qué, mi capitán, le has revelado nuestro destino? Ahora, ¡seguramente nos emboscarán!

—Por supuesto que no, mi buen González —replicó secamente don Cristóbal—. Ahora sabrán que no les tememos. Además, Dios nos acompañará, como siempre.

Los naborias llegaron a buscar el equipaje de don Cristóbal. Guanina sintió sus miradas glaciales. Su resentimiento y furia contra ella eran patentes y esto le desgarraba el alma. Se retiraron del aposento y se unieron a la comitiva de viajeros cristianos que esperaba afuera en el batey las últimas órdenes.

Mientras don Cristóbal se colocaba la armadura, Guanina lo contemplaba con los ojos hinchados de tanto llorar. Le había suplicado que la llevase con él, pero se había negado temiendo por su seguridad. "Pronto volveré por ti, mi amor", le había susurrado. "Muy pronto, te lo prometo".

No se dijeron ni una sola palabra, sólo se abrazaron y besaron apasionadamente una vez más. Posesionada de su amor, Guanina supo que el corazón de su amante le pertenecía a ella para siempre.

Al marcharse don Cristóbal, dejando a Guanina con un vacío en el alma, se limpió las lágrimas de los ojos. El altivo soldado no quería que sus compañeros de armas lo sorprendiesen llorando. Era el justo tributo de amor a la encantadora india que había sacrificado la lealtad a su pueblo por su amor.

Fue así como en la frescura de la madrugada tropical, el capitán español y su pequeño pelotón se pusieron en marcha. Tan pronto desaparecieron de la vista, Guaybana reunió a trescientos de sus mejores guerreros y los aleccionó diciendo:

—Hermanos, ha llegado la hora de rebelarnos ante la opresión. Debemos destruir a los invasores o morir en el intento. Enarbolemos nuestras macanas y llevemos arcos y flechas. Nuestros amigos guerreros de las otras comarcas de la isla se unirán a nosotros. El Cemí protector nos acompañará. ¡Adelante!

Guaybana tomó la delantera, siguiéndole la pista a don Cristóbal. Lucía su penacho de plumas y el guanín de oro que pendía sobre su pecho. En su marcha decidida era seguido por un tropel de indios sin orden ni formación que vociferaban ávidos de venganza.

Por fin, habían perdido el miedo a los extranjeros.

El primero en darse cuenta de que el peligro acechaba fue González. Cuando paró repentinamente para escudriñar los ruidos que oía tras él, fue demasiado tarde. Unos indígenas lo atacaron violentamente. Con la cabeza sangrando por los macanazos recibidos, se arrodilló ante los taínos para suplicar clemencia y prometer estar a su servicio para siempre. Rechazaron su ofrecimiento pero le perdonaron la vida al traidor español.

Guaybana dio entonces la orden de tomar un atajo por el bosque para alcanzar a don Cristóbal.

Muy pronto don Cristóbal y sus cinco compañeros se percataron de los gritos belicosos que traía el viento. Fue entonces que el capitán comprendió que tanto Guanina como González tenían razón. Pero don Cristóbal, orgulloso de su noble linaje y siempre leal a su causa jamás se rendiría. ¡Habría de luchar hasta la muerte!

—Amigos —se dirigió a sus compañeros cristianos—, hemos de combatir con el mayor ahínco; aunque somos pocos, triunfaremos juntos. ¡Qué Dios nos proteja!

—¡Viva Sotomayor! —gritaron sus hombres con ardor.

Repentinamente, de las entrañas del bosque, una multitud de indios se precipitó cual torrente desbordado sobre el pequeño destacamento español.

La batalla fue sangrienta. Tanto los españoles como los indígenas pelearon valientemente para defender sus diferentes causas.

Los gritos y lamentos reverberaban en el ambiente. Cuando el torbellino de macanas indígenas y espadones españoles cesó, la tierra estaba cubierta de cadáveres.

El último cristiano en caer fue don Cristóbal. En vano trató de alcanzar a Guaybana cuando súbitamente fue detenido por dos fuertes macanazos. El primero, privándolo de su espada, el segundo, de su vida.

Al terminar la batalla, Guaybana reunió a sus guerreros en una loma cercana para descansar y enterrar a sus muertos.

—Debemos admitir que los españoles lucharon valientemente —dijo a sus hombres—, especialmente el cacique cristiano, don Cristóbal. Es preciso enterrarle como a un gran guerrero. Vayan a buscar su cuerpo al instante.

Al recibir don Cristóbal el golpe mortal, Guanina sintió una estocada en el alma. Corrió a través del bosque en su búsqueda, pero no encontró más que su cuerpo inerte. Cegada entonces por el dolor, se arrodilló junto a él, cubriéndolo de besos y lágrimas, como si tal devoción pudiese restituirle la vida.

Fue así como los veinte indios que su hermano había enviado, la encontraron. Su vista estaba nublada por las lágrimas. Todo su ser estremecido por la muerte de su amante. Gritando en un delirio insano, impidió que se llevasen el cadáver de su amado.

Cuando regresaron y le contaron a Guaybana como su hermana había impedido que se llevasen el cuerpo del capitán, éste se ensombreció.

—Respetemos el dolor de Guanina —dijo—. Como es su deseo el acompañarlo, mañana al amanecer será sacrificada sobre la tumba de su amante y serán enterrados juntos.

A la mañana siguiente, Guaybana se encaminó hacia el lugar donde había caído el español. Allí encontraron a Guanina tendida plácidamente junto a él.

Al tratar de despertarla, Guaybana comprendió que la quietud de su cuerpo se debía a algo más que el sueño. En el transcurso de la noche, Guanina había muerto.

Los cadáveres de Guanina y don Cristóbal de Sotomayor fueron sepultados junto al pie de una gran ceiba. Dicen que, cada año, sobre su tumba brotan espontáneamente rojas amapolas silvestres y olorosos lirios blancos, como si la naturaleza misma honrase el amor verdadero de dos almas puras.

> Ahora, todas las tardes al crepúsculo,
> cuando el cielo se tiñe de rojo
> y la sombra de la gigantesca ceiba
> se extiende hasta más allá de la tumba,
> los campesinos creen percibir voces en el viento.
> Y dicen que cuando se oyen
> los dulces cantos de amor,
> entre el susurro de las hojas,
> es que, con el Sol poniente como único testigo,
> salen las almas de la bella y decidida princesa taína
> y su valiente guerrero español
> a compartir su intenso amor
> y besarse una vez más
> bajo los tenues rayos de la luna.

En 1508 llegaron los españoles, bajo el mando de Juan Ponce de León, a la isla de Boriquén, llamada hoy en día Puerto Rico. Vinieron a colonizarla, en busca de oro y a convertir a los indios taínos, sus habitantes, al cristianismo. Inicialmente, a la llegada de los españoles, había cerca de 60.000 indígenas. Cuando España les concedió la libertad en 1542 habían mermado a tan sólo 60.

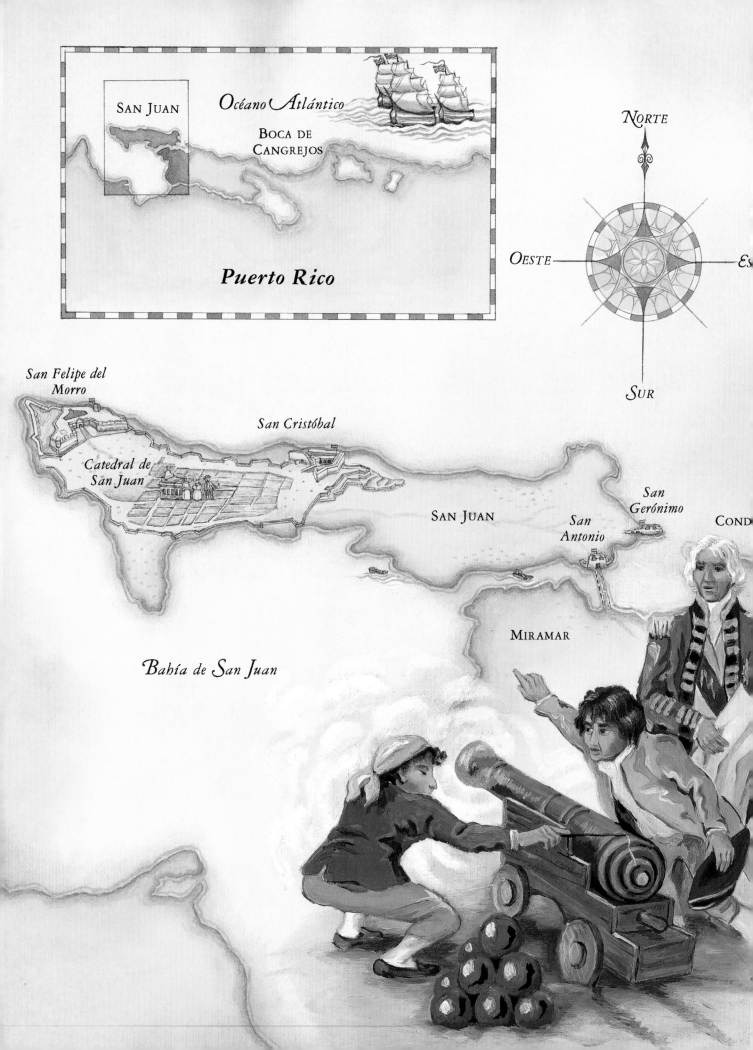

SAN JUAN

Océano Atlántico

BOCA DE
CANGREJOS

Puerto Rico

NORTE

OESTE

ES

SUR

San Felipe del
Morro

San Cristóbal

Catedral de
San Juan

SAN JUAN

San
Gerónimo

San
Antonio

COND

MIRAMAR

Bahía de San Juan

Las once mil vírgenes

UNA LEYENDA PUERTORRIQUEÑA, 1797

En el año 1797, cuando los piratas, al mando de sus navíos, se habían adueñado de los mares, vivía un general inglés llamado Sir Ralph Abercromby. Abercromby había navegado hacia el Mar Caribe con una flota de más de sesenta velas y un ejército de 14.000 hombres. A su llegada, se apoderó fácilmente de la isla de Trinidad y alentado por tal hazaña, se propuso conquistar más territorios para Inglaterra. Se dirigió, pues, a Puerto Rico, la hermosa colonia española y ese mismo año ancló sus velas frente a Boca de Cangrejos, cerca de San Juan, la capital de la isla.

Don Ramón de Castro, gobernador de Puerto Rico en aquel tiempo, sorprendido ante la súbita aparición de los buques de guerra y temiendo un ataque formidable, colocó a sus tropas en estado de alerta. Se hicieron preparativos para la defensa de la ciudad. Se bloqueó el puente de San Antonio, acceso único a la capital. Grupos de baterías en lanchas cañoneras rodearon la ciudad amurallada. Se enviaron patrullas montadas a los campos circunvecinos para evitar el saqueo del enemigo. Por último, se les ordenó a los niños, las mujeres y los ancianos evacuar la ciudad. Sólo los hombres fuertes permanecieron para defender San Juan. El obispo Trespalacios, quien regía entonces la diócesis, ayudó al gobernador no tan sólo con dinero, sino inclusive poniendo personal eclesiástico a disposición del mismo para luchar en el frente. Así la cruz y la espada se unieron para combatir al enemigo.

15

Fue imposible evitar el desembarco de las tropas inglesas, porque los navíos anclados barrían las playas con su metralla, lo que permitió que cientos de botes trajesen a los mercenarios a tierra firme. El general Abercromby situó su cuartel general muy cerca de la ciudad. Alentado por su buena ubicación, continuó hacia el oeste con la determinación de seguir adelante hasta llegar al puente de San Antonio. A su llegada, sin embargo, se vio forzado a detenerse. La cortina de fuego que provenía del fortín San Antonio y del fuerte San Gerónimo, un poco más al norte, era formidable. Fue entonces que el ejército inglés se atrincheró en Miramar y en el Condado, las áreas más cercanas a la ciudad. Comenzó entonces una violenta batalla. El fuego de los cañones ingleses era recio y sostenido, pero la defensa no cedía. Durante doce días de lucha continua hubo caos y destrucción, pero ninguno de los bandos obtuvo el triunfo.

Al decimotercer día, el juez diocesano fue a hablarle al obispo.

—Su Ilustrísima —le dijo—, los hombres que defienden la ciudad están muy cansados, su número es mucho menor que el de los ingleses y se teme que la ciudad sucumba. En estos momentos sólo un milagro nos salvaría. ¿Por qué no organizamos una rogativa para implorar el auxilio del cielo?

—Me parece una gran idea —contestó el obispo Trespalacios—. Haremos una rogativa dedicada a Santa Catalina por ser la santa del día y a Santa Úrsula y las once mil vírgenes, de quienes soy devoto especial.

Así se decidió que toda la ciudad participaría en el magnífico acontecimiento. Convocados por el repique de las campanas de todas las iglesias, pobres, ricos, campesinos, soldados y sacerdotes llevarían velas o antorchas en una larga procesión encabezada por el obispo, el cabildo eclesiástico, y las autoridades de la ciudad. Saldrían de la Catedral y recorrerían las calles de la capital durante toda la noche. Al romper el alba regresarían al punto de partida para celebrar una misa cantada con acompañamiento de orquesta.

De esa forma, en la tarde del decimotercer día de sitio, al ponerse el Sol, se llevó a cabo la procesión. Los espías ingleses que vigilaban desde las trincheras se dieron cuenta de una actividad y movimiento poco usual en la ciudad. Oían un misterioso coro de campanas que repicaban fuerte e incesantemente. También observaron numerosas luces que se movían hacia el oeste. Preocupado, un centinela fue a avisar al general Abercromby.

—Estarán recibiendo refuerzos de los campos —dijo Abercromby—. Nuestras fragatas, a la entrada del puerto, no pueden acercarse más debido al cañoneo incesante procedente de las baterías del gran fuerte que custodia la bahía de San Juan. Incrementemos la ofensiva, tanto en Miramar como en el Condado —ordenó—, ¡y sostengamos el fuego de mosquetería contra las lanchas cañoneras!

Las órdenes del general fueron acatadas y durante tres horas se intensificó despiadadamente la ofensiva inglesa. A medianoche volvió el centinela a hablar con el general.

—Las luces dentro de la ciudad se multiplican y ahora, ¡pareciera que vienen hacia nosotros!

El general llamó a su estado mayor.

—Hemos luchado durante mucho tiempo sin avanzar ni una pulgada. La defensa de la ciudad no parece haberse debilitado. El agua de que disponemos es muy mala y la disentería comienza a hacer estragos en nuestras tropas. Parecería que refuerzos procedentes de los campos han venido a socorrer la capital. Creo, pues, que ha llegado el momento de retirarnos y dar la orden de embarque.

Los oficiales estuvieron de acuerdo

unánimemente y se tomó una decisión definitiva. Al amanecer del primero de mayo se había levantado el sitio.

Mientras tanto en la Catedral tuvo lugar la misa cantada. Luego, todas las voces entonaron al unísono el himno Te Deum y el obispo Trespalacios pronunció un largo sermón. Los que estaban allí juraron que el triunfo se debió a la intervención de Santa Úrsula y las once mil vírgenes. Afirmaron que en esa noche memorable de oraciones y esperanza, los cañones ingleses dispararon más balas que nunca, balas que no llegaron a su destino sino que misteriosamente se volvieron contra los sitiadores. Dicen que cuando la larga procesión de sacerdotes, soldados y campesinos, que llevaban velas y antorchas encendidas, finalmente entró en la catedral, terminó repentinamente el bombardeo y los ingleses desaparecieron.

Algunos dicen que fue la tenacidad y experiencia de la pequeña tropa española lo que salvó la ciudad. Otros, que fue la valentía y lealtad de la oleada interminable de campesinos armados que vinieron a socorrerla. Sin embargo, hay quienes fervientemente creen en la intervención de Santa Úrsula y las once mil vírgenes.

Hoy *día*, cerca de la antigua puerta de *San Juan*, no muy lejos de la Catedral, se halla La Rogativa, escultura en bronce que conmemora la milagrosa vigilia de aquella noche, en que sólo el valor, la fe y —once mil luminarias— salvaron la ciudad.

Oh tú que pasando vas
Fija tus ojos en mí
Cual tú te ves yo me vi
Cual yo me veo te verás

La calavera burlona

UNA LEYENDA DOMINICANA, 1836

Hace mucho tiempo había un muro de piedra junto al Convento de Santo Domingo. En aquella pared se encontraba un nicho vacío. Pero este nicho no siempre había permanecido vacío. Dicen que probablemente desde el siglo XVII, cuando se edificó el templo, se hallaba expuesta en él una calavera humana, colocada sobre un soporte de hierro. Era visible durante el día gracias a la luz solar y durante la noche por la de un farol de aceite ubicado sobre el nicho. Debajo del nicho, colgaba un letrero tosco de madera en el que se podía leer:

"Oh, tú, que pasando vas
fija los ojos en mí:
Cual tú te ves yo me vi;
cual yo me veo te verás."

Según transcurrían los años, mucha gente pasaba frente al muro, pero nadie prestaba mayor atención a la calavera o el verso. Se había convertido en algo común y corriente. Fue así hasta que un día, o más bien una noche, cuando un vecino de la calle Hostos, que iba hacia su casa, escuchó unos ruidos muy extraños que provenían de la calavera. Al mirar hacia arriba, con el corazón

palpitándole violentamente, se percató horrorizado de que la calavera se movía inclinándose hacia delante y hacia atrás, una y otra vez, o de un lado a otro, como si aprobase o desaprobase sus pensamientos. Gimoteando y jadeante recorrió todo el camino hasta llegar a su hogar.

La noticia del extraño acontecimiento se difundió por todo el pueblo. Los que temían mirar la calavera, o los que tenían algo que ocultar, no se acercaban al convento. Pero los curiosos y temerarios preferían rondar por la iglesia de noche para presenciar ellos mismos el espantoso espectáculo. Así, más tarde se ufanaban de su valor y con lujo de detalles relataban cómo la calavera parecía leer el pensamiento, asintiendo o negando con un movimiento de cabeza.

Una noche, unos jóvenes se quedaron hasta muy tarde para observar la calavera y aseguraron que la oyeron reírse de ellos con chillidos burlones. Así crecía el temor en el vecindario a la par que los cuentos y los rumores. La gente daba grandes rodeos para esquivar el muro. Y como los sucesos extraños ocurrían principalmente de noche, el encargado de encender el farol tenía cuidado de hacerlo cuando todavía había luz del día. Ni siquiera las patrullas militares se atrevían a acercarse a la pared.

Ocurrió que una noche muy oscura, dos soldados que patrullaban el área, decidieron desafiar el miedo que los dominaba y se acercaron cautelosamente al convento. Al mirar el interior del nicho, vieron con sus propios ojos que la calavera se movía de un lado a otro, resonando al chocar contra el muro. Los hombres corrieron despavoridos y sin detenerse llegaron hasta el cuartel de la fuerza. Allí golpearon el portón desesperadamente. Fue éste el incidente que desencadenó los sucesos que habrían de romper el embrujo de la calavera.

En aquel tiempo un joven llamado Abad Alfau era segundo teniente del batallón que patrullaba la plaza de Santo Domingo. Tenía diecinueve años de edad y era un mozo inteligente y apuesto a quien todos llamaban simplemente Abad. Estaba de guardia la noche que los soldados huyeron de la horrible visión y, molesto por la cobardía de éstos, los reprendió duramente. Abad se enfureció al enterarse de que al anochecer siguiente, una segunda patrulla había esquivado la esquina maldita para evitar la calavera burlona.

—¡Esto tiene que terminar ahora mismo —dijo para sí—, o serán expulsados del ejército!

A la noche siguiente, Abad les ordenó a dos soldados que le trajeran una escalera. Dos horas antes de la medianoche, se despojó del uniforme y se vistió con un pantalón y una capa oscuros. Entonces valientemente se dirigió hacia el muro de la calle Hostos, blandiendo su espada en la diestra. Los dos soldados le seguían atemorizados, mientras llevaban la escalera.

Cuando se encontraban a veinte pies del nicho, la calavera comenzó a moverse y a reírse, alborotada y quejumbrosa. El ruido fue demasiado para uno de los compañeros de Abad, quien se dispuso a huir.

—¡Alto! —exclamó Abad.

El soldado se detuvo al oír la orden.

—Ahora coloca la escalera frente al nicho —dijo Abad.

Así lo hizo el soldado. Con la espada en la mano, Abad comenzó a subir. A medida que ganaba cada peldaño, los ruidos se hacían más fuertes. La calavera se movía de un lado a otro hasta que comenzó a girar violentamente. De su interior salían unos chillidos agudos, capaces de helarle la sangre al hombre más valiente. Sin embargo, Abad mantenía la calma. Se había propuesto descubrir el misterio de la calavera. Mientras los soldados sostenían firmemente la escalera, Abad alcanzó el último peldaño. Lentamente levantó la espada y asestó dos golpes fuertes a la calavera que la hicieron caer dando tumbos hasta estrellarse en el suelo.

De la base de la calavera salió entonces una retahíla de ratones asustados que saltaron a la calle y se perdieron en la oscuridad de la noche isleña, dando así por aclarado el misterio de la calavera burlona.

Cuentan que al amanecer del día siguiente los restos de la calavera fueron barridos y nunca más se volvió a hablar de ella. Aproximadamente setenta años más tarde el antiguo muro fue demolido y, junto con él, se desplomó el nicho vacío.

La india Sención

UN CUENTO POPULAR CUBANO, 1816

Había una vez un hombre negro que vivía con su anciana esposa y su hermosa hija única. Se habían trasladado a un bohío de yagua y cañas que habían construido en un pintoresco lugar, frente a una laguna, en Sagua la Grande.

La joven se llamaba Ascensión, pero sus padres la llamaban cariñosamente Sención. Su piel, como la de su padre, era del color del aromático y rico café, pero sus facciones delataban la mezcla de las tres razas: blanca, negra e india. En efecto, la llamaban frecuentemente "la india", a causa de su cabellera negra y sedosa que peinaba en dos largas trenzas que le caían graciosamente sobre los hombros. Y aunque su belleza inigualable había capturado el corazón de más de un joven, poseía un carácter fuerte y arrogante.

Sención tenía un pretendiente en particular al que sus padres no querían ver junto a ella. Sin embargo, mientras más les desagradaba el muchacho, más ahínco tenía la joven pareja en verse.

Fue para separar a Sención de este persistente joven que los padres se habían mudado a Sagua la Grande.

No tardó el mozo en descubrir el paradero de su amada y corrió a buscarla. Durante mucho tiempo se encontraron secretamente en la enramada junto a la laguna, donde pasaban largas horas intercambiando miradas de deseo y palabras de amor.

Una tarde, la madre de Sención fue a la laguna en busca de agua y al marcharse escuchó murmullos de voces conocidas, provenientes de la enramada. Fue a mirar y cual no sería su sorpresa al descubrir a los amantes.

—¿Cómo te atreves a desobedecer a tu madre de esta manera? —dijo la anciana con voz trémula de indignación y de tristeza. Al escuchar esto, el joven, lleno de vergüenza, se marchó en seguida, pero no Sención. Al oír a su madre sintió cómo le hervía la sangre y su corazón se endurecía de furia y rabia.

—¡Mamaíta, me ha abochornado frente a mi novio! —gritó—. ¡No lo volverá a hacer nunca más! Y sin pensarlo dos veces, abrió la mano derecha y abofeteó a su madre con fuerza.

—¡Maldita hija, Dios te castigará! —dijo la madre con lágrimas en los ojos. Al pronunciar estas palabras ocurrió un hecho singular y misterioso. La mano de Sención quedó adherida al rostro arrugado de su madre. Al principio Sención trató de retirar la mano con ayuda de la otra, pero fue inútil. Luego, su madre intentó separarla, pero tampoco pudo. Desesperada, la joven llamó a su padre, quien también fracasó. La mano de Sención estaba firmemente adherida a la mejilla de su madre.

Durante varios días Sención permaneció afligida y angustiada, hasta que su padre, preocupado, pidió ayuda al curandero de más renombre, al que acudía en los casos más graves. Cuando éste llegó, intentó por todos los medios posibles, desde pociones hasta plegarias, pero los resultados fueron infructuosos.

—No hay nada que hacer, habrá que amputarle la mano —dijo el curandero finalmente.

Sención no gritó, ni lloró y ni tan siquiera emitió el más leve quejido durante la dolorosa operación. Permaneció impasible. Una vez que el curandero terminó de vendarle la herida, ella se levantó, sin decir una palabra, y caminó lentamente hasta la orilla de la laguna. No se detuvo al llegar, sino que siguió caminando hasta que las aguas cubrieron sus piernas, su torso, su cuello y por último su rostro. Y así desapareció para siempre.

Poco después, su padre murió, pero la madre los sobrevivió por muchos años. Se dedicaba a hacer sombreros de yarey. La anciana siempre tuvo cuidado de esconder el lado izquierdo de su cara, donde la mano de Sención, endurecida por el tiempo, permaneció adherida hasta su muerte.

Se cuenta que cada primer viernes de luna llena, exactamente a la medianoche, Sención emerge, de entre las aguas, más bella que nunca, con sus sedosas y largas trenzas que le caen sobre los hombros, sus brazos abiertos hacia el cielo como implorando la misericordia divina y en el extremo del brazo derecho, el muñón, todavía envuelto en la gasa que le pusiera el curandero.

Al parecer este hecho singular ocurrió después de la fundación de Sagua la Grande, al norte de Cuba, en el año 1814.

De la tierra de los zapotecas

SOBRE LOS ZAPOTECAS

Los zapotecas son, actualmente, uno de los grupos indígenas más numerosos de México. Las diferentes tribus, que incluyen a los chatinos, viven dispersas en el estado de Oaxaca. Se comunican entre ellos en español ya que hay unas dieciséis variedades dialectales. Son buenos agricultores y artesanos de gran habilidad. A pesar de ser católicos en su mayoría, aún practican algunos ritos muy antiguos en las cuevas y los montes. Allí, suelen hacerle ofrendas al dios del rayo, con la esperanza de que les traiga lluvia para una abundante cosecha.

Los zapotecas han heredado un pasado muy ilustre. Fueron los arquitectos de Monte Albán, ciudad que más tarde se convertiría en el centro de la civilización clásica. Las ruinas que datan de 500 años antes de Cristo, aún existen junto a la ciudad colonial de Oaxaca. Inscripciones pre-clásicas encontradas en este lugar, sugieren que los ancestros de los zapotecas fueron los inventores de la escritura pictográfica que luego adoptarían los mayas, los mixtecas y los aztecas. También se les conoce por haber construido la bella ciudad de Mitla, considerada una de las maravillas arquitectónicas de México.

No debemos olvidar que el legendario presidente Benito Juárez, el único indio de raza pura que ha gobernado México desde la conquista española, era de origen zapoteca.

Cuando el Sol y la Luna
eran niños

Un mito chatino

En tiempos remotos, el Sol y la Luna eran hermanos mellizos que vivían como niños en la Tierra. Un día, mientras los hermanos paseaban, se encontraron con el Mal Aire. Éste envidiaba a los gemelos y quería deshacerse de ellos, así que comenzó a perseguirlos por todas partes.

Aterrorizados, Sol y Luna corrieron hasta encontrar un refugio donde esconderse, en el fondo de un río que era un brazo de mar. Al bajar la marea, el río comenzó a secarse y los niños se asustaron. Afortunadamente, en esos instantes una anciana se acercó a buscar agua. Los gemelos la llamaron y le contaron lo que les había sucedido con el Mal Aire y entonces ella se ofreció a esconderlos. Los guardó dentro de cada una de sus mejillas y se dirigió a su casa.

En el camino se encontró con el Mal Aire.

—¿Por qué tienes esa cara tan redonda? —le preguntó éste.

—Es que tengo un dolor de muelas tremendo —contestó ella.

Una vez que él se marchó, los tres comenzaron a reírse al ver cómo ella se había burlado del enemigo de los niños.

Los gemelos se quedaron a vivir en casa de la anciana. Ella los alimentó, los cuidó y los crió como si fuesen sus propios hijos. La anciana pasaba la mayor parte del día hilando algodón, y el resto en el bosque oscuro y solitario.

Siempre que salía al bosque, Sol y Luna aprovechaban para hacer travesuras. Le enredaban todo el algodón recién hilado, deleitándose cuando ella se disgustaba al regresar. A pesar de todo, los tres eran muy felices juntos, y con el transcurso del tiempo, los niños comenzaron a creer que la anciana era su madre.

Al crecer, Sol y Luna se interesaron en la caza. Preparaban sus propios arcos y flechas, y cazaban toda clase de animales. Lo que más les complacía era cazar palomas, pues su madre preparaba una deliciosa comida con ellas. De vez en cuando, la anciana se internaba en el bosque y Sol y Luna siempre le preguntaban a dónde iba.

—Voy a visitar a vuestro padre —les contestaba.

Los niños sentían cada vez más curiosidad, y un buen día le preguntaron:

—Mamá, ¿quién es nuestro padre?

—Él vive en las entrañas del bosque —contestó ella—, pero jamás he de decirles donde, pues temo que lo cacen.

Sol y Luna estaban desconcertados, así que a la mañana siguiente cuando la anciana salió a visitar a su esposo, los mellizos decidieron seguirla. Se internaron en el bosque dejando un rastro de hojitas y cenizas para señalar el camino. Cuando la anciana llegó a un claro, observaron que llamaba a su esposo en una forma muy peculiar. Inmediatamente, apareció un gran ciervo y ella le dio las verduras que traía de la casa. Sol y Luna se quedaron perplejos al ver que se trataba de un ciervo. Pero como no querían ser vistos, salieron corriendo para la casa y llegaron antes que su mamá.

A la mañana siguiente, la anciana les pidió a Sol y a Luna que buscasen hierba fresca, pues a su esposo sólo le gustaban las verduras. Los gemelos fueron al campo y fabricaron un cuchillo de madera para cortar el zacate. Sol lo cortó con tal fuerza que asustó un conejo que estaba escondido detrás de la hierba. Sobresaltado, el conejito brincó sobre Luna, dejando su silueta grabada en la mejilla de ésta para siempre. Es por esto que cuando hay Luna llena se ve la imagen de un conejo grabada en su faz.

Al día siguiente, los gemelos decidieron ir a espiar al ciervo, su padre. Se escabulleron de la casa y siguieron el rastro marcado con hojitas y cenizas que habían dejado dos días antes. Tan pronto llegaron al claro del bosque, imitaron el extraño llamado que habían oído hacer a su mamá. El gran ciervo apareció.

—Éste no puede ser nuestro padre —le susurró Sol a Luna.

—¡Mira sus patas, qué delgadas son! —dijo Luna—. Es demasiado feo para ser nuestro padre.

—Matémoslo —decidieron.

Cuando el ciervo se acercó, Sol disparó una flecha que le atravesó el corazón. Una vez muerto, cortaron su carne, le quitaron las vísceras y las asaron para hacer un plato que se llama *skualyku*. Se lo comieron todo menos el hígado, manjar que guardaron para llevárselo a su madre.

Antes de partir, Sol y Luna tomaron la piel del ciervo y la rellenaron de cientos de avispas, acomodándola de tal manera que parecía que el animal estaba dormido.

Cuando regresaron a casa, le dieron el hígado a su mamá, quien se quedó encantada de tener tal manjar para comer. Pero cuando se disponía a probarlo, se escuchó un grito que salió del hígado, a la vez que una rana entonó tres veces: "¡Es la carne de tu marido!" Lo cual le dio un mal presentimiento a la anciana.

—¿Es cierto lo que ha dicho la rana? —les preguntó a Sol y a Luna—. ¿Han matado ustedes a mi esposo?

—No, mamá —contestaron—. No hagas caso de todos esos chismes. Pero la anciana sintió desconfianza y decidió ir a visitar a su esposo.

Antes de salir, escogió la verdura más fresca que tenía para llevársela. En el camino se encontró con un cangrejo.

—¡El gran ciervo está muerto! —exclamó éste.

Esto apenó tanto a la anciana que pisó al cangrejo con tal fuerza que lo aplastó. Es por ello que hoy el cangrejo es casi plano.

La anciana siguió su camino, y se encontró con una paloma. La paloma cantó *Suliuu, suliuu*, que en chatino quiere decir: "está tendido, está tendido". Ella le dio las gracias a la paloma y continuó su camino.

Finalmente, llegó a donde yacía el ciervo, tal como había dicho la paloma. Pensando que su esposo descansaba, en vez de trabajar, lo golpeó furiosamente con el bastón, mientras lo regañaba. Los duros golpes desgarraron la piel y cientos de avispas salieron volando. Atacaron a la anciana sin compasión, cubriéndola de picaduras. Desesperada y adolorida, huyó.

—¡Arrójate al agua, mamá! —oyó al conejito decirle.

—No, es mejor que me vaya a casa con mis hijos —contestó ella— y que ellos me bañen en el temascal.

Cuando llegó a su casa, Sol y Luna le prepararon rápidamente el baño de vapor. Hicieron una gran hoguera con muchos leños y hierbas medicinales para que el humo la curara. El fuego ardía y el temascal estaba tan caliente que la anciana comenzó a sudar copiosamente y pronto sintió que se quemaba. Suplicó a sus hijos que la sacasen de allí, pero ellos rehusaron.

—Debes quedarte aquí, madre santa —dijeron Sol y Luna—. De ahora en adelante, tú serás la protectora de todos los recién nacidos y sus padres te traerán alimentos para tu sustento, pues éste es tu destino. Fue así como la anciana quedó reducida a cenizas en el temascal, mientras que los mellizos se marcharon a las colinas.

Una gran tristeza embargó a Sol y a Luna. Y mientras más pensaban en lo que había ocurrido, más se convencían de que su mamá había vivido y muerto en la oscuridad. Deseaban que hubiese alguna forma de iluminar a su madre. Por ello decidieron subir a la montaña más cercana al cielo para verter luz sobre ella. Sol llevaba el bastón de su madre, mientras que Luna llevaba la madeja de hilo de algodón. Durante el ascenso apareció, de repente, una extraña serpiente de ojos muy brillantes. Los niños se miraron y comprendieron enseguida lo que tenían que hacer. Sol le dio un golpe fuerte con el bastón y Luna la estranguló con el hilo. Entonces, cada uno tomó uno de los

ojos luminosos de la ser-
piente. Luna escogió el
derecho, que era el más
brillante, y continuaron
ascendiendo.

Un poco más tarde, Luna
vio un panal de abejas. Con
la ayuda del hilo de algodón, lo bajó del árbol y sorbió la
dulce miel. La dulzura de ésta la dejó
muy sedienta. Sol hundió el bastón en
el suelo y de allí surgió un manantial del
cual bebió hasta saciarse. Luna le rogó que le
diera un poco de agua. Sol sonrió pícaramente y le
dijo que sólo le daría agua si ella le cambiaba el ojo brillante de la serpiente
por el que él tenía que era más opaco. Luna se enfureció con esta mala jugada,
pero como tenía tanta sed accedió. Ésta es la razón por la que el Sol es más
brillante que la Luna.

Cuando llegaron a la cima de la montaña, Sol tomó la madeja de hilo y la
lanzó con fuerza hacia el cielo. Agarrándose del hilo, Sol subió primero porque
su luz era más brillante. Un tanto molesta, Luna lo siguió.

Fue así cómo el Sol y la Luna ascendieron al firmamento. Todavía hoy giran
en el cielo, iluminando siempre, con la radiante luz solar o con los pálidos
rayos lunares, el antiguo sepulcro de su madre.

*Hasta hoy día los padres chatinos les dan baños de vapor a sus recién nacidos en
el temascal, en memoria de la anciana protectora de todos los niños. Hacen ofrendas
de copal, tortillas, tamales y pollos durante la ceremonia. Ellos creen que de esta
manera la anciana protegerá a los bebés de las enfermedades, como protegió a Sol y a
Luna del Mal Aire.*

Cómo nació el arco iris

UN MITO ZAPOTECA

Mucho tiempo antes de que se hiciese la luz, existió Cosijogui, dios del rayo, quien permanecía sentado en un hermoso trono al pie del cual había cuatro inmensas ollas de barro. Cada olla era cuidada por un dios rayo menor, en forma de lagartija.

La primera olla guardaba todas las nubes del mundo, la segunda, toda el agua, la tercera, todo el granizo, y la cuarta, todo el viento. Los guardianes se aseguraban de mantener secreto el contenido de las misteriosas ollas.

—¡Guardián de las nubes! —Cosijogui ordenó un día—. ¡Despierta las nubes! ¡Deja que salgan de la olla!

Aunque un poco sorprendido, el guardián de las nubes destapó la olla inmediatamente y pronto el cielo oscuro se cubrió de nubes. El guardián de las nubes nunca había visto tal espectáculo y comenzó a bailar alegremente con ellas. Con cada uno de sus movimientos se producía un relámpago que rasgaba la inmensa oscuridad de la noche.

Los hombres que habitaban la Tierra, aún en tinieblas, se maravillaron ante el imponente espectáculo. Pero como estaban sedientos, elevaron sus oraciones al dios del rayo pidiéndole que les enviase agua en vez de nubes.

—¡Guardián del agua! —ordenó Cosijogui—. ¡Abre tu olla y deja que salgan las aguas!

El guardián del agua, aunque sorprendido también por el mandato, obedeció y las lluvias torrenciales inundaron la tierra.

Mientras tanto, el guardián de las nubes bailaba y retozaba en el cielo lanzando relámpagos en todas direcciones.

Sucedió entonces que las mujeres que habitaban la Tierra se atemorizaron y decidieron elevar sus súplicas a Cosijogui, rogándole que pusiese fin a la tempestad. Como Cosijogui pareció ignorarlas, enviaron una comisión a verlo. Al pasar frente a su trono, las mensajeras vieron las otras dos ollas selladas y esto las intrigó. Tanta fue su curiosidad que olvidaron su misión y en cambio le pidieron al viejo dios del rayo que abriese las ollas y les mostrase su contenido secreto. El dios rehusó sonriendo con malicia, pero al fin cedió ante los continuos y dulces ruegos de las mujeres.

—¡Guardián del granizo! —ordenó el dios del rayo—. ¡Abre tu olla al instante!

De la tercera olla salió una avalancha de agua convertida en piedras, que cayó sobre la Tierra, azotándola sin piedad. Y mientras caía el granizo, los otros dos guardianes lagartijas se unieron al guardián de las nubes en su baile desenfrenado. Juntos gozaban de la libertad recién lograda, provocando una tempestad atroz de rayos, truenos, lluvia y granizo que se agravaba con cada uno de sus movimientos.

Los hombres y las mujeres, las bestias y los pájaros, asustados ante tal situación, pensaron que el fin del mundo estaba cerca e imploraron al dios del rayo que calmase la violenta tempestad. Mas Cosijogui y sus guardianes lagartijas gozaban de su loca diversión e ignoraron la angustia de los habitantes de la Tierra. Entonces, en un esfuerzo final por conseguir la calma, los hombres, las mujeres, las bestias, y los pájaros invocaron a Pitao, el Gran Aliento. Pitao se apiadó y ordenó a las nubes negras del oriente que cedieran el paso al dios más poderoso: Gabicha, el Sol.

El disco iluminado del nuevo astro apareció en el horizonte y su luz resplandeciente desgarró las nubes. Tal aparición infundió pavor en el dios del rayo, fuertemente impresionado por la nueva estrella. Durante mucho tiempo había sido el dios supremo de los cielos y ahora comprendía que la fuerza cegadora de Gabicha superaba su poder en las alturas.

En silencio y desconsolado, Cosijogui contempló cómo Gabicha le pedía al último guardián lagartija que abriese la olla que permanecía tapada. El guardián del viento obedeció. Abrió la última olla y de un solo soplo apartó las nubes en el cielo. Luego, el guardián del viento acatando el mandato de Gabicha, ordenó a sus hermanos, quienes habían desencadenado la tempestad, que volviesen sumisos a sus puestos.

En la calma del momento, el viejo dios del rayo contempló la grandeza de Gabicha y comprendió que él jamás volvería a ser el dios supremo de los cielos. Se percató de que el Sol era un dios bondadoso, justo y generoso. Un dios que amaba por igual a los hombres, a las mujeres, las bestias y los pájaros que habitaban el mundo ahora luminoso.

Cosijogui pensó, pues, en rendirle homenaje al nuevo y poderoso dios. Tendería en la inmensidad que separa el cielo y la Tierra un puente multicolor, un regalo a Gabicha para que así pudiera bajar hasta la Tierra para llevar a los hombres y a las mujeres, a las bestias y a los pájaros . . . su mensaje de paz.

Así, nació el arco iris.

El milagro de Nuestra Señora de Guadalupe

UNA LEYENDA MEXICANA, 1531

El nueve de diciembre de 1531, apenas diez años después de concluida la conquista española, tuvo lugar el milagro. Ocurrió cuando Juan Diego, un joven indio mexicano, pobre y devoto, se dirigía a recibir su lección de catecismo. Mientras caminaba entre los arbustos de las colinas de Tepeyac, pasó cerca de las ruinas del templo dedicado a Tonantzin de Tepeyac, madre azteca de los dioses y patrona de curanderos y comadronas. Se decía que en tiempos remotos los peregrinos aztecas viajaban largas distancias hasta el templo en busca de remedios para sus males.

Juan Diego pensaba en esto cuando repentinamente apareció la sagrada visión. La mujer más bella que jamás él había visto, con la tez del color de la rica tierra mexicana y una mirada inmensamente bondadosa, se encontraba frente a él. Juan Diego se quedó tan perplejo y asombrado que instintivamente se arrodilló a sus pies.

Con una voz dulce, la virgen le habló a Juan Diego, y le dijo que él había sido escogido para llevar un mensaje al obispo Zumárraga. La virgen deseaba que el obispo le construyese una capilla en el mismo lugar donde ella se encontraba. Juan Diego prometió llevar el recado, mas cuando levantó la vista del suelo, la virgen ya había desaparecido.

Inmediatamente corrió a ver al obispo, pero éste no creyó el relato del pobre joven y lo despidió rápidamente.

Días más tarde, mientras se encontraba en las colinas de Tepeyac, Juan Diego recibió una segunda visita de la virgen, y de nuevo ella le pidió que el obispo le erigiese una capilla donde ella se encontraba. Por segunda vez él llevó el recado de la virgen y nuevamente el obispo lo despidió. Pero en esta ocasión, éste le dijo a Juan Diego que le pidiese una señal a la virgen si ella reaparecía.

El doce de diciembre, la virgen reapareció por tercera vez. En esa ocasión Juan Diego le contó cómo el obispo requería una señal de ella. Fue entonces que ella le sugirió que recogiese algunas rosas. Y aunque en el mes de diciembre los rosales no florecen en Tepeyac, Juan Diego encontró los arbustos que cubrían las colinas circundantes, profusamente floridos tal como la virgen le había dicho. Recogió las flores rojas y fragantes y las colocó en el pliegue de su ayate.

Ese mismo día tuvo lugar la tercera audiencia con el obispo. Éste lo recibió y cuando Juan Diego abrió su manto para dejar caer a sus pies las rosas recién cortadas, ocurrió algo milagroso. Allí, impresa en el ayate, estaba la imagen de la Virgen de Guadalupe en toda su belleza. Deslumbrado, el obispo Zumárraga ordenó que se erigiese una iglesia en las colinas de Tepeyac, tal como la virgen lo había pedido. Y en 1709 la basílica se terminó de construir en el mismo lugar donde había estado el templo de Tonantzin.

Tanto los españoles como los indios han adorado fervorosamente a la virgen mexicana a través de los siglos. En lo que hoy día llaman "La Villa de Guadalupe" se encuentra la vieja basílica junto a una nueva construida a su lado. La cantidad de peregrinos que visita la villa aumenta anualmente. Quizá sea porque la virgen concede tantos favores y milagros o tal vez porque sólo con su presencia bendice la mezcla de razas y culturas. También podría ser porque su maravillosa historia se cuenta una y otra vez a todo aquel que desee escucharla, a la entrada de la nueva basílica.

Dentro de ésta, se encuentra el ayate de Juan Diego, colgado en el altar en un marco dorado. Después de más de 400 años, la imagen sigue intacta. Si alguna vez llegas a ir allí, fíjate en los ojos de la virgen, pues es probable que puedas ver el rostro del indio Juan Diego reflejado en lo más profundo de su mirada.

Desde 1910, Nuestra Señora de Guadalupe es la santa patrona de Hispanoamérica.

De la tierra de los muiscas

SOBRE LOS MUISCAS

Durante la conquista española, los muiscas, conocidos también como chibchas, ocupaban la altiplanicie andina en Colombia. Eran agricultores, hábiles orfebres y ceramistas.

Adoradores del Sol y del agua, el pueblo se reunía periódicamente en centros ceremoniales, donde el oro era un elemento fundamental. En los templos y las lagunas sagradas se depositaban, como ofrenda, primorosas figuritas de oro moldeadas que representaban seres humanos y animales.

Los muiscas fueron conquistados fácilmente por los españoles y ya en el siglo XVIII el chibcha, su lengua natal, prácticamente había desaparecido. Muchos se mezclaron con los españoles. Aunque no dejaron monumentos arquitectónicos, su orfebrería en oro, la cerámica antigua y los ritos mágicos, que aún hoy día se practican en los barrios de Bogotá, nos recuerdan su rica herencia.

El Dorado

Una leyenda colombiana, Siglo XVI

Sebastián de Benalcázar, fundador de Quito en Ecuador, fue un conquistador codicioso. Tenía una red de confidentes indígenas quienes periódicamente le facilitaban noticias de tierras ricas, aún por conquistarse. Allá por el año 1534 un informante le contó de un lugar recóndito, colmado de tesoros de oro. Benalcázar denominó el lugar "El Dorado", después de haber escuchado al indio contarle la siguiente historia:

En las profundidades de la laguna de Guatavita vive una serpiente. Hay quienes dicen que la serpiente es la diosa Bachué, madre de los muiscas. Otros, aseguran que es el mismísimo diablo. Mas lo que *sí* es cierto, es que durante largo tiempo los indios muiscas han hecho ofrendas de oro y esmeraldas a la serpiente de la laguna, en señal de adoración y reverencia, y para obtener su ayuda. Ésta, pues, era la costumbre durante el cacicazgo del gran jefe muisca de Guatavita.

El cacique de Guatavita estaba casado con una doncella de hermosura inigualable. La había amado intensamente, al menos por un tiempo, pero seducido por el esplendor de su propio reino y por la belleza de las muchas otras mujeres que lo rodeaban, pronto comenzó a olvidarse de ella.

La cacica se resentía de que la ignorase de tal forma, y cuando un indio de alto rango, perteneciente a la corte de su marido, se enamoró de ella, no pudo

menos que acceder a la pasión de éste. Muy pronto su desenfrenado amor los hizo olvidarse del respeto que debían al cacique, el más poderoso de los muiscas, y de que ella era la madre de su única hija.

Un día, el cacique se enteró de la infidelidad de su esposa. Cegado por la furia y sediento de venganza, ordenó que se le impusiesen los castigos más crueles que pudo imaginar. Primero ordenó asesinar al amante. Después dio a conocer lo que ella había hecho. Y por último, decidió que en las espléndidas fiestas reales, sus súbditos divulgasen en sus cantos la conducta vergonzosa de ésta. Tantas veces se repitió el bochornoso relato que la mujer se sintió abrumada por la humillación.

Una noche sin luna huyó de la aldea para escapar de la tortura del castigo. Con su hijita en brazos, se dirigió presurosa a la única fuente de consuelo que le quedaba — la laguna de Guatavita. Se detuvo a contemplar las aguas oscuras y tranquilas durante un rato, y entonces, en vez de hacer una ofrenda de oro y joyas, como era la costumbre, arrojó a su pequeña hija al agua. Luego se arrojó ella misma. Ambas se ahogaron.

Los jeques, quienes entre los chibchas eran los sacerdotes guardianes de la laguna, dormían en sus cabañas cuando escucharon un ruido extraño. Acudieron al instante, pero ya era demasiado tarde. Madre e hija habían desaparecido en las profundidades de las aguas. Al alba, en la tenue luz de la madrugada, corroboraron sus peores temores. La cacica y su pequeña hija habían muerto. Rápidamente, uno de los jeques fue a notificar el trágico acontecimiento al cacique.

Éste se horrorizó al oír la noticia y corrió a la laguna. Allí, se detuvo unos instantes, lleno de espanto, mientras contemplaba incrédulo el lugar sagrado. Un momento después, le ordenó al jeque máximo que se sumergiese en las aguas en busca de su mujer e hija.

El jeque practicó sus ritos más elaborados y poderosos. Encendió una fogata junto a la orilla de la laguna y lanzó unos guijarros a las llamas. Cuando éstos estuvieron ardientes como brasas, los arrojó al agua. Se despojó de sus ropas y se zambulló tras ellos. El cacique esperaba afuera, cuando el jeque máximo finalmente salió del agua.

—Su esposa se encuentra bien —le dijo—. Vive junto a la serpiente de la laguna en un lugar donde se encuentra mejor que antes. Me ha dicho que tanto ella como su hija son felices donde están y no desean regresar.

—¡Esto no puede ser! —exclamó el cacique—. ¡Vuelve al fondo de la laguna y no regreses sin mi hija!

El sacerdote se zambulló nuevamente y esta vez emergió con el cuerpecillo inerte de la hija del cacique en sus brazos. Carecía de ojos, pues la serpiente se los había arrancado para convertirla en un ser inservible entre los hombres. Así se aseguraba de que la devolverían junto a su madre para criarse como es debido en las profundidades de la laguna.

—¡Qué se cumpla el deseo de la serpiente! —dijo el cacique acongojado—. Devuelvan a mi hija a la laguna. Entonces, apesadumbrado y lleno de tristeza, culpa y añoranza, presenció cómo su hija se sumergía una vez más. Y al desaparecer bajo el agua, se percató, tal vez demasiado tarde, del inmenso amor que siempre había sentido por su mujer e hija.

Fue en estos momentos dolorosos que el cacique de Guatavita se comprometió a incrementar las ofrendas a la serpiente como nunca antes se había hecho. Así ganaría su benevolencia y se aseguraría de que la vida venidera de su esposa fuese tan feliz como los primeros años que habían pasado juntos. Pronto corrió el rumor entre los muiscas de que el cacique planeaba la ceremonia más grandiosa, jamás antes vista. Esta vez dedicada a su esposa, quien yacía junto a la serpiente, en el fondo de las aguas.

El cacique y su séquito comenzaron un período de abstinencia que habría de purificarles el cuerpo y el espíritu, haciéndolos de esta forma dignos de adorar a la diosa tutelar de la laguna.

Simultáneamente, los preparativos para dicha ocasión ya habían comenzado. Toda la aldea participaría en las festividades. Manjares deliciosos y chicha exquisita se prepararon con maíz. Atuendos y tocados se confeccionaron cuidadosamente. Se limpiaron las máscaras y se afinaron los instrumentos musicales. El nivel de excitación aumentaba al aproximarse la ceremonia religiosa y la gran festividad que se celebraría después.

Al amanecer del gran día, el cacique ya estaba listo. Sus sirvientes lo despojaron de su túnica y le untaron la piel de un aceite espeso. Más tarde le cubrieron el cuerpo con una capa de oro en polvo. Transcurrido el momento

solemne, vistió su manto real y lentamente se dirigió a la hermosa balsa que le esperaba a la orilla de la laguna.

La gente había venido desde toda la comarca para presenciar la elaborada ceremonia sagrada. Los guerreros y cortesanos arrojaban al suelo mantas de vistosos colores para que el cacique caminase sobre ellas. Al llegar a la costa, subió, majestuosamente, a la balsa ovalada que lo esperaba. Algunos de sus asistentes lo acompañaron. De pie, en el centro de la balsa, se quitó la túnica. Resplandecía como una escultura dorada, rodeado por las esmeraldas, las joyas, el oro y variados manjares. Todo eso se lo ofrecería a la serpiente de la laguna en memoria de la esposa muerta.

Lentamente, la balsa se alejó de la orilla flotando hacia el centro de la laguna y allí se detuvo. El cacique invocó a los dioses y al terminar sus plegarias arrojó, una a una, las ricas ofrendas a las aguas tranquilas. Una vez que todos los tesoros quedaron sumergidos y como una última ofrenda al templo acuático, se zambulló, y bajo el agua se quitó la gruesa capa de oro adherida a su cuerpo.

Finalmente, regresó a la balsa y lo trajeron a tierra. Sus súbditos lo llevaron

en andas al bohío real. Allí, la muchedumbre, purificada por la ceremonia, se sintió en libertad para disfrutar de los festejos.

Este ritual se convirtió en tradición y se repitió numerosas veces en la laguna de Guatavita. Inicialmente, para invocar la benevolencia de la diosa serpiente y más tarde, para investir a cada cacique nuevo con su gran poder.

Nadie sabe si la cacica se apaciguó con estos magníficos ritos. Pero así debió haber sido ya que el fondo de la laguna permaneció cubierto de una gruesa capa de oro, joyas y esmeraldas como prueba del tardío, pero ferviente amor del cacique.

Al oír hablar de estas riquezas, el español Benalcázar decidió apoderarse de ellas. Para mantener en secreto la localización del lugar, comenzó a llamarlo "El Dorado". Pero el rumor de la existencia de tales tesoros se difundió por todas partes y cuando llegó a la laguna de Guatavita, la encontró ya ocupada. No obstante, la leyenda se divulgó hasta lejanas tierras en Europa, y los aventureros que soñaban con enriquecerse rápidamente, viajaron a las Américas en busca de "El Dorado".

De las tierras de los quechuas, descendientes de los incas

Sobre los incas

En 1532, durante el reinado de Atahualpa, el último de los emperadores incas, los españoles llegaron al Perú. Derrocaron el imperio e impusieron su religión, su lengua y sus costumbres. El casamiento frecuente entre los españoles y las indígenas creó una nueva raza llamada cholos.

Hoy en día, el legado de los incas está presente en las ruinas de las antiguas edificaciones, como el templo del Sol en Cuzco y la ciudadela de Machu Picchu. Este legado también se encuentra en la lengua de los incas, el quechua, lengua dominante entre los indígenas hoy; y en la mitología que se ha transmitido a través de los siglos y que aún subsiste en la vida diaria de los campesinos andinos.

Cientos de años después de la cristianización, los indios quechuas aún identifican a Dios con el Sol, y han hecho coincidir las fiestas cristianas con el calendario incaico.

Los quechuas son indígenas sudamericanos que fueron subyugados y asimilados por el Imperio Inca. A pesar de que siglos atrás inicialmente rechazaron el imperialismo inca, más tarde comprendieron sus beneficios y hoy en día se enorgullecen de considerarse descendientes de ellos. En su mayoría viven en el altiplano andino de Perú, Bolivia y Chile. Son agricultores y de acuerdo con la tradición de sus antepasados, artesanos que se especializan en tejidos de lana, telas de algodón y sombreros de esmerada belleza.

Manco Cápac
y la vara de oro

Un mito inca/quechua

En el corazón de todo inca mora un relato antiguo que cobra vida al ritmo de una canción. Se ha de transmitir de generación en generación y preservarse a través de los años en la memoria colectiva.

Hace muchos siglos, el altiplano peruano era una región de breñales y montes altos. Los habitantes de esas tierras eran salvajes que vivían en grupos pequeños y se escondían en las cuevas de las montañas. Al igual que los animales, se alimentaban de hierbas, raíces y frutos silvestres. A veces, hasta comían carne humana. Se cubrían con corteza de árboles, cueros o simplemente andaban desnudos.

Un día, Padre Sol se apiadó de esta gente que desconocía el cultivo de la tierra y el arte de tejer, y envió a sus propios hijos para enseñarles a los salvajes las costumbres de los dioses. Aprenderían cómo labrar la tierra y a vivir del fruto de su labor; cómo construir casas y vivir en comunidades; y cómo adorar al Padre Sol, siguiendo sus preceptos. Con este mandato, puso a su hijo e hija en el lago Titicaca y como símbolo les entregó una gruesa varilla de oro, de media vara de largo. Luego les dijo:

—Hijos míos, caminen en cualquier dirección, encuentren el lugar apropiado para una ciudad, y eríjanla allí. Dondequiera que se detengan para

comer o dormir, hundan la vara en la tierra. Cuando encuentren un lugar donde la vara se hunda de un solo golpe, allí fundarán el nuevo reino. Antes de que partiesen, añadió:

—Cuando todos los habitantes se hayan convertido en sus súbditos, habrán de gobernarlos con sabiduría y justicia, con piedad, clemencia y ternura. Deberán tratarles con tanta compasión como un padre trata a sus hijos. Y lo harán a semejanza mía, pues soy yo quien le da luz y calor al mundo, protegiéndolo amorosamente al girar en torno suyo cada día. Los he enviado a la Tierra para salvar a estas gentes que viven como bestias. Y por tanto los nombro rey y reina para regir sobre aquéllos que sigan su orientación y gobierno justo.

Fue así que el Sol se alejó. Ataviados como rey y reina con regias prendas de vestir y suntuosos aretes, que más tarde se convertirían en signo de nobleza entre los incas, los hijos del Padre Sol comenzaron a caminar hacia el norte. La marcha a pie fue larga. Doquiera que paraban a comer o a dormir trataban de enterrar la vara de oro, pero no se hundía. Continuaron así hasta llegar al valle del Cuzco. En este agreste paraje se detuvieron y el hijo del Sol trató una vez más de introducir la vara en el suelo. Esta vez se hundió fácilmente, desapareciendo en la tierra.

Entonces, el hijo del Sol, el primer emperador inca le dijo a su reina:

—Éste debe ser el valle destinado por nuestro padre, el Sol, para establecer nuestro reino y cumplir su mandato. Es prudente, pues, mi reina y hermana, que cada cual parta ahora en busca de la gente que habrá de seguir los designios de nuestro padre, y vivir bajo su ley. En el corazón de la ciudad se construirá un templo dedicado a él.

Ambos hermanos tomaron diferentes caminos, propagando la palabra de su padre. Los salvajes, maravillados ante la rica apariencia del Inca y su reina, se sintieron atraídos con las promesas de una sociedad civilizada y alimentos en abundancia. Por ello, muchos hombres, mujeres y niños siguieron al Inca. Un número igual siguió a la reina. El rey y la reina se convirtieron en sus gobernantes y mientras se dirigían hacia el valle del Cuzco, se duplicó y triplicó el número de seguidores.

Al darse cuenta de esto, la pareja real se detuvo y dijo:

—Hemos de dividir el trabajo entre todos nosotros. Algunos fueron en busca de alimentos, otros se dedicaron a fabricar chozas y casas. Así se construyó la ciudad imperial. Los seguidores del rey se ubicaron en Hanan Cuzco, el Cuzco alto, y los de la reina en Hurin Cuzco, el Cuzco bajo.

Mientras la ciudad era construida, el rey les enseñó a los hombres a labrar la tierra, a esparcir la semilla, a cultivar las plantas en hileras y a escoger aquellas adecuadas para la alimentación. Así mismo les enseñó a usar herramientas y a abrir zanjas para regar los campos. El Inca-Rey les enseñó a los hombres todo lo que necesitaban saber, incluso cómo fabricar zapatos.

La Inca-Coya, la reina incaica, se ocupó, mientras tanto, de enseñarles a las mujeres cómo hilar y tejer algodón y lana. Les mostró cómo coser vestidos para sí mismas, sus esposos y sus hijos. Les enseñó la mejor forma de cocinar, limpiar y realizar todas las faenas domésticas. La gente aprendió de ambos todo lo necesario para vivir bien.

El Inca-Rey se llamaba Manco Cápac, y su Coya, Mama Ocllo Huaco. Eran hijos del Sol y de la Luna, hermano y hermana, y la primera pareja real del magno Imperio Inca, de la cual todos los demás emperadores habrían de descender.

La leyenda de Manco Cápac está muy difundida entre los quechuas y se cuentan varias versiones de ella. Muchos indios creen fervientemente que un día Incarrí, el Inca-Rey, regresará al Perú a restaurar el imperio.

Kákuy

UN CUENTO POPULAR QUECHUA DE BOLIVIA, SIGLO XVI

Hace muchos años, una joven pareja abandonó su hogar y su familia y se fue a vivir a las entrañas de la selva. Allí construyeron una choza. El hombre se dedicaba a la caza y a la pesca, y la mujer recolectaba todos los frutos silvestres que encontraba. Pronto tuvieron dos hijos, un niño y una niña.

Un día, cuando los niños eran aún muy pequeños, la madre cayó enferma con una fiebre maligna y murió. Pocos años más tarde, una serpiente venenosa mordió al padre y éste también falleció. De modo que los hermanos se vieron forzados a valerse por sí mismos.

El muchacho aprendió a cazar y a pescar como su padre y también recolectaba frutas salvajes tal como le había visto hacer a su madre. Proveía a su hermana de todo lo necesario. Era de carácter apacible, generoso y comprensivo. Protegía la choza contra las incursiones de animales feroces y era un cazador tan hábil, que casi siempre regresaba de la caza con una iguana, un ciervo o al menos una buena perdiz. También era diestro hallando panales de abejas de donde extraía la deliciosa y dorada miel.

En cambio, la hermana era muy diferente. Era arisca, egoísta y voluntariosa. No le gustaba salir de la choza, así que se pasaba las horas adentro tejiendo sola. Tampoco le gustaba platicar con su hermano, y sólo le hablaba para contradecirlo o herirlo con sus palabras. Lo odiaba y despreciaba profundamente.

No obstante, el hermano la quería y la mimaba con sus cuidados. Le traía dulcísima miel, jugosas frutas silvestres, los pescados más frescos, y exóticos huevos de perdiz. Pero cuanto más cariñoso era con ella, tanto más ella lo aborrecía.

La quiero tanto, el muchacho pensaba para sí mismo, pero nada de lo que hago la complace. ¿Qué puedo hacer yo para lograr que ella me ame como se debe querer a un hermano? Se angustiaba con estas preocupaciones durante semanas y meses, mientras la hermana se volvía aún más hostil y abusadora. Ya estaba desesperado.

Un anochecer, el hermano regresó de la caza con las manos vacías. Había estado al acecho durante horas, pero sin suerte alguna. Los pies le sangraban y se encontraba agobiado por el hambre y la sed. En cuanto entró a la choza, su hermana comenzó a injuriarlo y acusarlo de ser un inútil y holgazán.

Él estaba tan agotado que le faltaron ánimos para contradecirla. Sin embargo, le suplicó a su hermana que le diera un poco de miel aguada para beber, y algún *yuyu*, unas hierbas tiernas, para curarse las heridas de los pies. Ella los trajo, pero en vez de alcanzárselos, echó el agua al suelo y el *yuyu* al fogón. Humillado, el hermano se dirigió silenciosamente a un rincón de la choza donde rendido se durmió.

A la mañana siguiente, se levantó todavía hambriento y adolorido. Lentamente se cocinó unos alimentos, pero cuando estaban a punto, su hermana maliciosamente agarró la olla y arrojó la comida tan lejos como pudo, entre la maleza del bosque. El hermano no podía creer lo que veía. Entonces comprendió que ya no podía soportar los abusos de su hermana.

Pensó que tal vez debería abandonarla, o inclusive matarla. Pero se dio cuenta de que aún la quería. Después de todo era su hermana.

Se le ocurrió, pues, un plan que seguramente le enseñaría una lección.

Primero, se adentró en la selva en busca de una colmena de *murumuru*. La *murumuru* es una abeja diminuta, tan temida por su agudo aguijón, como codiciada por su exquisita miel. Éste era un manjar que deleitaba a su hermana. Encontró el nido perfecto tan alto en la copa de un árbol, que tuvo que regresar a la choza para pedirle ayuda a su hermana. Ella accedió con desgana a ayudarlo, y juntos partieron en un largo viaje. Se internaron en la selva, dejando la pequeña choza muy lejos. Al llegar al gran árbol, el muchacho cuidadosamente examinó el tronco y las ramas.

—No, no podemos subir —dijo por fin—. El tronco es demasiado ancho y la colmena se encuentra demasiado alta. Es prácticamente imposible. Debemos olvidarnos de este plan y regresar a casa ahora mismo.

La hermana era muy testaruda, y el solo hecho de no poder tener algo, la hacía desearlo aún más.

—Iré yo sola —dijo—. Yo podría subir más allá del nido si quisiera.

—Si tú insistes —contestó el hermano—, te acompañaré. Debemos de ayudarnos el uno al otro.

Fue así que empezaron a trepar el árbol, ella a la cabeza, y él siguiéndola atrás. Las ramas estaban tan separadas las unas de las otras que era imposible subir uno sin la ayuda del otro. Una vez que estuvieron ya cerca de la colmena, el muchacho le pidió a su hermana que se cubriese el rostro para protegerse de los fieros y dolorosos aguijones de las *murumuru*.

—Estas abejas viven en colonias muy numerosas y atacan despiadadamente, ensañándose en la cara hasta deformarla —le advirtió.

Temerosa del ataque de las abejas, la hermana se quitó el chal y lo utilizó para envolverse con cuidado la cabeza, la cara y el cuello. Entonces esperó que su hermano le diese más instrucciones. Pero luego de un extraño silencio, repentinamente se dio cuenta de que su hermano se había ido. ¡Estaba totalmente sola en la copa del árbol! Aterrorizada, se arrancó el chal y escudriñó los alrededores. Y por un instante, creyó ver la silueta fugitiva de su hermano que se perdía en la espesa selva. Fue en esos precisos momentos que las *murumuru* comenzaron su ataque. Inmediatamente trató de bajar, pero para sorpresa de ella ¡el tronco estaba desnudo! Todas sus ramas habían sido cortadas. No había manera de bajar de allí. En su desesperación, la hermana rezó. Creyó decir entre sollozos:

No me abandones, mi hermano,
permanece a mi lado,
no me prives de tu protección.

Pero su garganta sólo alcanzó a emitir dos palabras:

Kákuy, turay. . .
Kákuy, turay. . .
Kákuy, turay. . .

que en quechua quiere decir: "permanece, hermano mío."

Llegó sigilosamente el crepúsculo a la selva, y la muchacha egoísta, con el rostro, las manos y los pies completamente desfigurados por las picaduras, deseó con ardor que sus ruegos llegaran a oídos de su hermano. Poco más tarde, agotada y desesperada, la joven sintió el impulso de convertirse en ave. En lo más profundo de la noche, imploró a los dioses poder volar para ir en busca de su hermano. Los dioses la escucharon. Pronto sintió que se le empequeñecía el cuerpo y sus pies se convertían en garras. Sus brazos se plegaban en alas y su piel se oscurecía al cubrírsele de plumas. ¡Pero no! Al desplegar sus alas para volar, descubrió que su vuelo era muy corto, de árbol en árbol, de rama en rama. Y mientras volaba, con su canción imploraba,

Kákuy, turay. . .
Kákuy, turay . . .
Kákuy, turay. . .

Hasta el día de hoy, cuando el profundo silencio de la noche chaqueña se quiebra por la canción lánguida de un ave, sabrás que es la canción del kákuy. Dicen los campesinos que nunca nadie ha visto este pájaro que se esconde de día y va en busca de alimento por la noche. Pero todos aseguran haberlo escuchado proclamar su presencia con su triste canto, inundando así de amargura la noche boliviana.

El chasqui

Cuando el indio José Wallulu, más conocido como Josucho, cumplió diecio-
cho años, fue seleccionado por las autoridades para servir de chasqui, o correo.
Como chasqui, estaría encargado de llevar corriendo los mensajes entre su
pueblo y la capital.

Una mañana muy temprano, el alcalde tocó a su puerta entregándole dos
cartas urgentes que debía llevar de inmediato. Rápidamente, Josucho se
encasquetó la montera, envolvió en el poncho una manta, y preparó un fiambre,
papas frías, maíz tostado y hojas de coca. Luego tomó su bastón de viaje y
se puso en camino.

Después de varias horas de subir las laderas, siguiendo el sendero sinuoso
que llevaba a la cumbre de los cerros circundantes, Josucho se detuvo a tomar
aliento, mientras se reclinaba en el barranco. Desde esta altura divisaba las
casas, empequeñecidas por la distancia, de cuyos techos salía un humo andra-
joso; y la gente, apenas perceptible, que iba de un lado a otro, ocupada en
sus quehaceres.

Al volverse vio la Apachita, el ara de piedra dedicada al espíritu de la
montaña. Escupió coca en el suelo, se incorporó y siguió hacia arriba para
hacer una ofrenda en el altar. Allí, tomó una piedra del camino, y repitió
una oración que el cura del pueblo le había enseñado.

Justamente cuando iba a ofrecer la piedra, se percató del *allqö*, una perra lanuda que, sentada sobre sus patas traseras, estaba en actitud contemplativa junto al altar. Josucho quiso huir despavorido, pues su abuela ya le había advertido que ésta era una señal de muy mal agüero. Pero, en cambio, agarró la honda y le lanzó la piedra que tenía en la mano con tan buena puntería que la perra soltó un aullido lastimero y se alejó cojeando hacia las llanuras solitarias.

Ya era tarde y encontrándose en plena puna, Josucho iba al trote mientras devoraba la inmensidad de sus verdes pampas. El cielo encapotado amenazaba lluvia, y pensó que debía llegar a la posada antes de que cayera la noche. Repentinamente vio a una bella joven que caminaba llevándole la delantera. Vestía una blusa blanca, amplia falda negra y un sombrero coquetamente alicaído. En sus manos ovillaba una madeja de lana negra.

Josucho se acercó, con la esperanza de que ella le acompañase el resto del camino.

—¿Vas a Ayllukullama? —le preguntó a la muchacha.

—Sí —le contestó ella—. ¿Y tú, Josucho?

—¿Cómo sabes mi nombre? —exclamó sorprendido, pues no recordaba haber visto a la muchacha nunca.

—Soy Naticha. Nosotros solíamos jugar a las escondidas cuando niños.

Josucho seguía alarmado por la presencia de la extraña muchacha que hasta le inspiraba un cierto temor, pero era tan bonita, que pronto olvidó su intranquilidad. Entonces no pudo pensar en otra cosa que besarla.

Se acercó lentamente la noche, y el aire tibio de la tarde se tornó súbitamente frío cuando Josucho decidió que ya era tiempo de detenerse. Temía los peligros de viajar de noche. Sin luz para guiarlos, existía la posibilidad de perderse o de hundirse en una ciénaga. Habiéndose distraído por la charla de la muchacha, no se dio cuenta del tiempo transcurrido y estaba más lejos de la posada de lo que había pensado. Así fue que invitó a Naticha a detenerse y descansar con él. Sacó sus alimentos y convidó a la encantadora muchacha a compartirlos.

Mientras comían, pensó qué placentera podía ser esa noche, durmiendo sobre aquel lecho silencioso y reverdecido en la enorme puna. El cielo de terciopelo negro estaba cuajado de estrellas que brillaban sobre ellos.

Se recostaron sobre su poncho, en la hierba, y al helarse el aire nocturno se cubrieron con la manta. Se acurrucaron y cuando él se acercó a ella para besarla, su mano rozó imprevistamente la cadera de la muchacha.

—¡Ay ay ay! —exclamó ella, mientras se alejaba de Josucho.

—¡No me toques ahí! Aún me duele el golpe que me diste con la piedra.

Josucho la miró desconcertado.

—Hoy, temprano, en la Apachita, yo estaba sentada junto al altar, cuando me heriste despiadadamente con la honda.

Un escalofrío hizo estremecer a Josucho mientras recordaba el incidente con la perra. Giraron en su memoria los aullidos lastimeros de la perra, la súbita aparición de Naticha más tarde, y el recuerdo de las admoniciones de su abuela.

Se sintió lleno de pánico al comprender la espantosa verdad.

—¡Auuuuuuuu! —aulló lúgubremente la fingida Naticha. Y en un abrir y cerrar de ojos se retorció hasta transformarse en una rabiosa perra lanuda.

La perra se arrastró hasta Josucho. Gruñía y ladraba con intención de morderlo mientras sus ojos echaban chispas y miraban fijamente al muchacho.

Josucho se irguió de inmediato, y velozmente se perdió en la oscuridad de la solitaria puna mientras las estrellas contemplaban desde arriba, como únicos testigos, su huída.

El pueblo de Ayllukullama, acongojado al escuchar el relato del chasqui, decidió dar caza a la perra. Después de varios días de persecución, la capturaron. Prendieron una gran fogata en el centro del pueblo y la arrojaron viva a la hoguera. Al ver consumirse la perra, se dieron cuenta de que se trataba de una condenada, convertida en *allqö*.

Durante el Imperio Inca, era considerado un gran honor ser elegido como chasqui. Estos correos especiales tenían la importante tarea de llevar los mensajes del rey inca a los gobernadores. Los jóvenes indios, elegidos para este trabajo, no sólo tenían que ser veloces corredores, sino que debían poseer la habilidad de memorizar el mensaje oral y poder descifrar el registrado en el código de cuerdas anudadas de diversos colores llamado quipu. Al carecer de un sistema de escritura convencional, el éxito del Imperio Inca dependía de la comunicación provista por estos relevos de correo, quienes recorrían la extraordinaria red de vías, que conectaba hasta los puntos más remotos del imperio.

Después de varios siglos,
ya los chasquis no corren más las vías,
tampoco hay oro del cual apoderarse,
más su brillo permanece todavía,
en el canto de los versos,
de mil voces escuchadas,
latente en la memoria colectiva,
que son nuestros cuentos "De oro y esmeraldas"
de las tierras de América Latina.

Apuntes y bibliografía

Aún guardo en mi corazón los recuerdos de las leyendas y cuentos populares que leí y escuché durante mi infancia. El amor inmenso entre la bella princesa taína y el conquistador español me hipnotizaba, al tratar de entender emociones que no había sentido aún. La fortaleza y persistencia de los puertorriqueños, encargados de la defensa de la capital durante el ataque inglés de 1797, suscitó un orgullo en mí que todavía guardo. Y mi deseo de conocer más sobre los siempre presentes pero sutiles taínos, me hizo comprender que tal vez había algo más que aprender que lo que yo ya sabía. Así fue que la inspiración para *De oro y esmeraldas,* surgió de mi anhelo de redescubrir la literatura que había moldeado mis primeros conocimientos y de transmitir estas leyendas a mis hijas.

Comencé mi investigación, releyendo las versiones originales de los relatos que atesoraba en mi memoria. Luego busqué otros, igual de bellos e irresistibles, para añadir a la colección. En pos de leyendas específicas, viajé a México y a Puerto Rico y conduje investigaciones tanto en el Instituto Nacional de Antropología e Historia, en la ciudad de México, como en la Biblioteca del Congreso en Washington D.C. En vista de que muchas de las versiones originales de estos mitos y leyendas fueron escritas en un español antiguo y dirigidas a lectores adultos, me vi en la tarea de relatarlas en un lenguaje más apropiado para el joven lector de hoy.

Durante mis investigaciones, tuve la oportunidad de leer material que más tarde me ayudaría en la creación del arte. Decidí hacer pinturas al óleo, porque me pareció el mejor medio de transmitir el misterio y la magia que muchas de estas leyendas encierran. Sin embargo, en un esfuerzo por acercarme a los medios artísticos mayormente usados por las culturas indígenas mencionadas, quise recrear, mediante el grabado en linóleo, algunos de los diseños que originalmente fueron grabados en hueso, piedra, madera o tejidos en tela.

Los siguientes apuntes pretenden ampliar el entendimiento del lector sobre los relatos e ilustraciones, además de citar sus fuentes.

La portada
EL ARTE
• El mapa representa las Américas, según los españoles la imaginaban, hacia el año 1500. Basé la ilustración en un mapamundi de Juan de la Cosa.
• La pintura, hecha al óleo, de la portada: ver el apunte para "Cómo nació el mar".
• La pintura, hecha al óleo, de la contraportada: ver el apunte para "El Dorado".
• La letra mayúscula y el borde de la portada están basados en manuscritos iluminados españoles del siglo XV.

FUENTES
LEVENSON, JAY A., editor. *Circa 1492, Art in the Age of Exploration.* Washington D.C.: National Gallery of Art, New Haven & London: Yale University Press, 1991.

Prólogo
EL ARTE
• El mapa de la página iv está hecho en un estilo antiguo; sin embargo las fronteras de los países son contemporáneas.

DE LAS TIERRAS DE LOS TAÍNOS
EL ARTE
• La pintura hecha al óleo, en la página xii, muestra algunas de las cosechas que los taínos introdujeron a los europeos, y algunas de las palabras de origen taíno que actualmente son parte de la lengua española.
• El borde hecho en linóleo, en la página 1, usa un motivo que representa la lluvia y el agua. Este símbolo aparece en un aro monolito, o cinturón de piedra usado por los taínos jugadores de pelota.

FUENTES
FERNÁNDEZ MÉNDEZ, EUGENIO: *Art and Mythology of the Taino Indians of the Greater West Indies.* San Juan, Puerto Rico: Ediciones El Cemí, 1993.
HERNÁNDEZ AQUINO, LUIS: *Diccionario de voces indígenas de Puerto Rico.* Bilbao, España: Editorial Vasco Americana, 1969.
ROUSE, IRVING: *The Tainos, Rise and Decline of the People Who Greeted Columbus.* New Haven and London: Yale University Press, 1992.

Cómo nació el mar
EL TEXTO
Las crónicas de Ramón Pané fueron la base para la versión de este mito. Ramón Pané fue un fraile que llegó a las Américas con Cristobal Colón y por solicitud de éste, recogió y transcribió los mitos y tradiciones de los taínos durante su estadía en La Española.

FUENTES
PANÉ, RAMÓN: *Relación acerca de las antigüedades de los indios.* México: Siglo XXI, 1978. Versión por José Juan Arrom.

EL ARTE
• La pintura hecha al óleo, en la página 2, muestra una urna funeraria taína, tallada en madera, y en-

contrada en Cuba. Dicen los cronistas que los taínos colgaban de los techos de sus bohíos, urnas, cestas o calabazas, que contenían los huesos de sus antepasados. Se dice que ellos creían en la vida más allá de la muerte y en la comunicación con los muertos.

• El grabado en linóleo, en la página 3, es un motivo que se encuentra tallado en las rocas de La Piedra Escrita, cerca de Jayuya, Puerto Rico.

• La pintura hecha al óleo, en la página 4, muestra a Itiba Cahubaba, la Madre Tierra. Basé el dibujo en un tazón de arcilla esculpida que representa la diosa y proviene de Santo Domingo. Para el recipiente abierto utilicé como modelo uno encontrado en Vieques, Puerto Rico.

• La imagen que aparece en el óleo de la página 5, también reproducida en la portada, muestra la parte superior de otra vasija de arcilla proveniente de Santo Domingo. Representa a Deminán Caracaracol. Los peces son especímenes comunes en los arrecifes caribeños.

FUENTES
ARROM, JOSÉ JUAN: *Mitología y artes prehispánicas de las Antillas.* México: Siglo XXI, 1975.
FERNÁNDEZ MÉNDEZ, EUGENIO: *Art and Mythology of the Taino Indians of the Greater West Indies.* San Juan, Puerto Rico: Ediciones El Cemí, 1993.

Guanina
EL TEXTO
Esta trágica historia de amor, magistralmente relatada por Cayetano Coll y Toste, autor del siglo XIX, fue mi mayor inspiración para crear este libro. Mi versión relata esta leyenda en un lenguaje más accesible para los niños de hoy en día. También pretende resaltar los sentimientos del personaje de Guanina.

FUENTES
COLL Y TOSTE, CAYETANO: *Leyendas y tradiciones puertorriqueñas.* Puerto Rico: Editorial Cultural, 1975.

EL ARTE
• Los taínos, tanto los hombres como las mujeres, se pintaban el cuerpo con tintes naturales de colores negro, rojo y blanco. Se adornaban con collares de caracoles, piedras pequeñas, huesos y plumas. Usaban fajas de tela de algodón amarradas a sus muñecas y tobillos. Las mujeres casadas vestían pequeños delantales de algodón llamados naguas. En vista de que Guanina era la amada de Don Cristóbal, opté por cubrir su torso en la página 6. Después de todo, si él le había enseñado a trenzarse el pelo al estilo castellano, supuse que no sería indiferente a la desnudez de ella.

• El linóleo en la página 7, es un motivo de gemelos que fue tallado en un *dúho,* asiento ceremonial del cacique.

• Durante la colonización de Puerto Rico, que se llevó a cabo entre los años 1508 y 1511, los primeros soldados fueron caballeros montados, vestidos con armaduras. El museo de San Felipe del Morro, San Juan, Puerto Rico, alberga una armadura como la que aparece en la pintura de la página 11.

FUENTES
ALEGRÍA, RICARDO: *Historia de nuestros indios.* San Juan, Puerto Rico: Colección de Estudios Puertorriqueños, 1969.
FERNÁNDEZ MÉNDEZ, EUGENIO: *Art and Mythology of the Taino Indians of the Greater West Indies.* San Juan, Puerto Rico: Ediciones El Cemí, 1993.

Las once mil vírgenes
EL TEXTO
El Viejo San Juan, Puerto Rico, está repleto de rincones históricos, muchos de los cuales se encuentran envueltos en la magia de una leyenda. De niña escuché la leyenda de *Las once mil vírgenes,* que años más tarde me encontré contándole a mis propias hijas, al caminar por las calles de adoquines, frente a la catedral de San Juan. El ataque inglés está bien documentado en los libros de historia y forma parte del curriculum escolar en Puerto Rico.

FUENTES
BLANCO, ENRIQUE T: *Los tres ataques británicos a la ciudad de San Juan Bautista de Puerto Rico.* San Juan, Puerto Rico: Editorial Coquí, 1968.
COLL Y TOSTE, CAYETANO: *Leyendas y tradiciones puertorriqueñas.* Puerto Rico: Editorial Cultural, 1975.

EL ARTE
• El mapa en la página 14, muestra la parte norte de la isla de Puerto Rico y está basado en planos que datan de 1783, de las fortificaciones de San Juan. El general inglés representa a Sir Ralph Abercromby.

• El linóleo en la página 15, es un motivo taíno, labrado en un *dúho* de madera, asiento ceremonial del cacique, que probablemente representa a Venus.

• La pintura hecha al óleo, en la página 17, muestra la Calle de las Monjas, en el Viejo San Juan, Puerto Rico. Esta calle conduce a la catedral de San Juan.

• La Rogativa, en la página 19, es una escultura de bronce ubicada cerca de la Puerta de San Juan. Conmemora la ocasión en que la ciudad fue salvada del ataque inglés en 1797.

FUENTES
FERNÁNDEZ MÉNDEZ, EUGENIO: *Art and Mythology of the Taino Indians of The Greater West Indies.* San Juan, Puerto Rico: Ediciones El Cemí, 1993.
TAYLOR, RENÉ. *José Campeche and His Time.* Ponce, Puerto Rico: Museo de Arte de Ponce, 1988.

La calavera burlona
EL TEXTO
Una amiga dominicana me refirió a la colección de tradiciones, relatos históricos y anécdotas dominicanas, compilada por Troncoso de la Concha. El autor, nacido en 1878, fue presidente de la República Dominicana de 1940 a 1942. Me encantó su versión de esta leyenda por su final inesperado y gracioso.

FUENTES
TRONCOSO DE LA CONCHA, MANUEL: *Narraciones dominicanas. Santo Domingo:* Editora de Santo Domingo, 1977.

EL ARTE
• En la página 20, pinté edificios coloniales de Santo Domingo, República Dominicana.
• El linóleo en la página 21, muestra un motivo que aparece labrado en hueso en una vasija taína proveniente de la República Dominicana.
FUENTES
ROUSE, IRVING: *The Tainos, Rise and Decline of the People Who Greeted Columbus.* New Haven & London: Yale University Press, 1992.
UGARTE, MARÍA: *Monumentos coloniales.* Santo Domingo: Publicaciones del Museo de las Casas Reales, 1977.

La india Sención
EL TEXTO
La joven en este relato es mezcla de tres razas: indígena, negra, y blanca. Después de varios años de trabajo forzado bajo el yugo español, la población indígena comenzó a mermar hasta tal punto que en el año 1518 los españoles trajeron africanos a las islas para trabajar como esclavos. Con el tiempo, las tres razas se mezclaron dando paso a los caribeños de hoy día.
FUENTES
BUENO, SALVADOR, editor: *Leyendas cubanas.* La Habana, Cuba: Editorial Arte y Literatura, 1975.

EL ARTE
• El linóleo en la página 25, muestra un motivo de gemelos hallado en un aro monolito taíno, proveniente de Puerto Rico.
FUENTES
FERNÁNDEZ MÉNDEZ, EUGENIO: *Art and Mythology of the Taino Indians of the Greater West Indies.* San Juan, Puerto Rico: Ediciones El Cemí, 1993.

DE LA TIERRA DE LOS ZAPOTECAS
EL ARTE
• La pintura hecha al óleo, en la página 28, muestra un mercado zapoteca, en un pueblo colonial en el estado de Oaxaca, México. Las niñas zapotecas de hoy, ayudan a sus familias tejiendo cintas y cinturones en sus telares. El borde que rodea la ilustración, copia una cinta de pelo hecha por una de las niñas que posó para este dibujo.
• El linóleo en la página 29, muestra el motivo de la lluvia, que aparece labrado en piedra en los bellos mosaicos geométricos de los muros de Mitla, antigua ciudad zapoteca en el estado de Oaxaca.
FUENTES
SCHEFFLER, LILIAN: *Los indígenas mexicanos.* México: Panorama Editorial, 1992.
Viajes y entrevistas personales.

Cuando el Sol y la Luna eran niños
EL TEXTO
Fue en el libro de Bierhorst, *The Mythology of Mexico and Central America,* que encontré por primera vez este mito. Decidí buscar su fuente original, y en un viaje a México tuve la oportunidad no sólo de leer la versión original en el Instituto Nacional de Antropología e Historia, sino que también visité Oaxaca, la tierra de los zapotecas y chatinos.
FUENTES
BARTOLOMÉ, MIGUEL ALBERTO: *Narrativa y etnicidad entre los chatinos de Oaxaca.* México: INAH, 1979.

EL ARTE
En la página 30, tanto la mujer como los niños, son indios chatinos, vestidos con el atuendo tradicional que aún se usa hoy día.
• El linóleo de la página 31, muestra un disco solar, motivo que aparece en un pendiente de oro, encontrado en las tumbas de Monte Albán en Oaxaca, la antigua capital del estado zapoteca.
• El conejo dibujado en la Luna llena, que aparece en la página 35, es un motivo muy común y reconocido en todo México.
FUENTES
COE, MICHAEL D: *Mexico, from the Olmecs to the Aztecs.* London: Thames and Hudson, 1962.
Fotografías tomadas por la autora.

Cómo nació el arco iris
EL TEXTO
En Oaxaca conocí a un hombre orgulloso de ser hijo de una india zapoteca y un español. Él me contó su versión de cómo nació el arco iris, mientras me explicaba el simbolismo de los muros de piedra labrada, en Mitla. Más tarde, encontré una colección de leyendas por Otilia Meza, que me suministró una versión más completa que finalmente opté por relatar.
FUENTES
MEZA, OTILIA: *Leyendas prehispánicas mexicanas.* México: Panorama Editorial, 1992.

EL ARTE
• Mi representación del dios del trueno (señor de las lluvias), en la página 36, está inspirada en una urna funeraria, proveniente de Monte Albán, que muestra el dios de la lluvia. Los motivos geométricos que aparecen detrás del dios, ilustran, de arriba abajo, las nubes, el granizo, la lluvia y el viento. Los copié del trabajo de sillarejo en Mitla.
• El linóleo en la página 37, es un motivo que aparece en un hueso labrado, proveniente de una tumba de Monte Albán.
• La página 39, muestra una vista de la fachada norte del Conjunto de las Columnas, Mitla, Oaxaca. Mitla es conocida entre los zapotecas como un lugar de descanso. Se dice que fue construida durante el período clásico de Monte Albán (correspondiente a la era azteca). A la llegada de los espa-

ñoles, todavía estaba en uso. Mitla es una ciudad de belleza inigualable, donde las ceremonias zapotecas antiguas se llevan a cabo a la par que los ritos cristianos.

FUENTES
COE, MICHAEL D: *Mexico, from the Olmecs to the Aztecs*. London: Thames and Hudson, 1962.
Fotografías tomadas por la autora.

El milagro de Nuestra Señora de Guadalupe

EL TEXTO

Durante mi visita a la ciudad de México, fui a ver la Villa de Guadalupe. Allí mi guía mexicano, me contó la leyenda de la virgen. Ya conocía el milagro, pero contemplar la basílica donde el ayate de Juan Diego se encuentra colgado, al mismo tiempo que escuchaba su relato, le dio a esta leyenda una nueva dimensión.

EL ARTE

• El óleo de la página 40, está basado en fotografías que tomé en la Villa de Guadalupe. Mientras pintaba la figura de Juan Diego, tenía prendidas a mi caballete fotos de los murales de Diego Rivera, que me sirvieron de inspiración.
• El linóleo en la página 41, es un motivo que aparece en los huipiles bordados o vestidos tradicionales de algunas mujeres mexicanas.
• La iglesia en la página 43, es la antigua Basílica de Guadalupe, que fue terminada en 1709. Fue aquí que la imagen de la virgen se guardó hasta la reciente construcción de la nueva basílica.

FUENTES
Fotografías tomadas por la autora en el Museo Regional de Oaxaca y en la Villa de Guadalupe.

DE LA TIERRA DE LOS MUISCAS

EL ARTE

• La pintura hecha al óleo, en la página 44, (también aparece en la contraportada) muestra tunjos de oro sobre una hoja. Los indios muiscas eran orfebres muy hábiles, que rendían culto al Sol y al agua. Los tunjos no eran piezas de joyería, sino piezas creadas como ofrendas a los dioses y que se escondían en lugares sagrados. Usualmente representaban con gran exactitud, personas, animales, y herramientas de uso cotidiano. Las ofrendas se hacían a través de jefes o sacerdotes. El borde que rodea la ilustración muestra figuritas de oro que representan serpientes.
• El borde en linóleo de la página 45, es un motivo de un estampador cilíndrico muisca que al parecer se usaba tanto para la decoración del cuerpo como para la de las telas.

FUENTES
PÉREZ DE BARRADAS, JOSÉ: *Los muiscas antes de la conquista*. Madrid: Consejo Superior de Investigaciones Científicas. Instituto Bernardino de Sahagún, 1950.

El Dorado

EL TEXTO

Ésta es probablemente la leyenda mejor conocida de Latinoamérica. Atrajo a infinidad de europeos quienes vinieron al Nuevo Mundo en busca de oro y de El Dorado, la legendaria tierra desbordante de riquezas.

Pedro Simón (1574-1630), fue un fraile español, estudioso de los muiscas y cronista del mito de la diosa Bachué. Es él quien describe cómo de la unión de esta diosa y un niño que ella saca de las aguas de la laguna se engendra el pueblo muisca. Narra cómo luego de poblar las tierras, el joven y la diosa se transforman en serpientes y regresan a la laguna. Simón también narra el mito del cacique muisca y su esposa, la leyenda de El Dorado, y los hechos históricos que describen los logros del español Sebastián de Benalcázar.

Más adelante, Pérez de Barradas analiza las crónicas de Simón, y teoriza que el mito del cacique muisca y su esposa fue el hecho que dio origen al ritual descrito en la leyenda de El Dorado. Pero el drama de la esposa del cacique muisca no aparece usualmente en la leyenda. En vista de la teoría de Barradas y Cano, decidí añadirlo a mi versión, y enmarcar esta narración en los hechos históricos que describen los logros de Benalcázar.

FUENTES
ARANGO CANO, JESÚS: *Mitos, leyendas y dioses chibchas*. Bogotá, Colombia: Plaza & Janés, 1985.
PÉREZ DE BARRADAS, JOSÉ: *Los muiscas antes de la conquista*. Madrid: Consejo Superior de Investigaciones Científicas. Instituto Bernardino de Sahagún, 1950.
SIMÓN, FRAY PEDRO: *Noticias historiales sobre el Reino de Nueva Granada*. Bogotá, Colombia: Ministerio de Educación Nacional. Ediciones de la Revista Bolívar, 1953.

EL ARTE

• La pintura en la página 46, muestra la laguna de Guatavita.
• El linóleo en la página 47, está basado en una figura de cerámica muisca portadora de ofrendas y actualmente se conserva en el Museo del Oro en Bogotá, Colombia.
• Los cronistas recopilaron información extensa en cuanto a las tradiciones, vestimenta, cofias y adornos corporales de los muiscas. Tanto los hombres como las mujeres se horadaban las orejas. Usaban túnicas blancas y de colores brillantes. En ocasiones especiales se decoraban el cuerpo con pinturas y usaban cofias hechas de pieles de animales o de rosas hechas de tela de algodón de colores. Solamente los soldados llevaban el pelo corto y se horadaban las orejas y los labios, donde se colocaban pequeños zarcillos por cada enemigo muerto. La balsa que aparece en las páginas 50 y 51, está basada en una réplica de la original, hecha en oro e instalada en el Museo del Oro, Bogotá.
• La espada de la página 51, es española.

FUENTES
LEVENSON, JAY A., editor. *Circa 1492: Art in the Age*

of *Exploration*. Washington D.C.: National Gallery of Art, New Haven & London: Yale University Press, 1991.
PÉREZ DE BARRADAS, JOSÉ: *Los muiscas antes de la conquista*. Madrid: Consejo Superior de Investigaciones Científicas. Instituto Bernardino de Sahagún, 1950.

DE LAS TIERRAS DE LOS QUECHUAS, DESCENDIENTES DE LOS INCAS
EL ARTE
• La pintura en la página 52, muestra indios quechuas en la ciudad del Cuzco. La albañilería inca, obra de enormes piedras colocadas con precisión, ha resistido tanto conquistas como terremotos, por más de 500 años. Sobre estos muros, los españoles erigieron sus propias estructuras que en algunos casos han sido derrumbadas por movimientos sísmicos, en más de una ocasión. El indio, en primer plano, toca la zampoña o flautas y el bombo. Lleva chajchas en la muñeca, una pulsera hecha de pezuñas de cabra que se usa como instrumento de percusión. El borde que rodea la pintura muestra motivos de una túnica inca. Los miembros de la familia real eran los que usualmente vestían túnicas con estos motivos.
• El linóleo en la página 53, muestra el motivo de cuadros blancos y negros, característico de las túnicas de los solados incas.
FUENTES
LEVENSON, JAY A., editor. *Circa, 1492. Art in the Age of Exploration*. Washington D.C.: National Gallery of Art, New Haven & London: Yale University Press, 1991.

Manco Cápac y la vara de oro
EL TEXTO
En la versión más conocida del mito sobre el origen de los incas, el dios Viracocha emerge del lago Titicaca y se dirige al valle del Cuzco. Allí le habla a un hombre llamado Manco Cápac y le encarga regir el imperio. Sin embargo, Garcilaso de la Vega, el hijo de una princesa inca y un hidalgo español, narra el relato de una manera diferente. Él cuenta el mito de la fundación del Cuzco, basado en la tradición oral que escuchó de niño. Su versión aparece en *Comentarios reales,* obra publicada en 1609. Dado el caso que de joven estudié la obra de Garcilaso, decidí usar su versión en este libro.
FUENTES
BIERHORST, JOHN, ed. *The Mythology of South America.* New York: Morrow, 1988.
GARCILASO DE LA VEGA, el Inca (1539–1616): *Leyendas y hechos fabulosos del antiguo Perú.* Lima: Ediciones Nuevo Mundo, 1962.
EL ARTE
• En la pintura en la página 54, Manco Cápac y su hermana y esposa, Mama Ocllo Huaco, se dirigen hacia el valle del Cuzco. Al fondo se ve la Isla del Sol en el lago Titicaca. Ellos llevan túnicas incas, que copié de unas túnicas de la época, aún intactas.

También llevan sus orejas horadadas, señal de nobleza entre los incas.
• El linóleo en la página 55, muestra el zodíaco inca.
• La ilustración en la página 57, es una vista aérea de Machu Picchu, una ciudadela desconocida para los españoles y descubierta intacta en el año 1911. Estas ruinas espectaculares del Imperio Inca, incrustadas de capillas, fuentes, albergues, y escaleras empinadas, se elevan unos 2000 pies sobre el río Urubamba en Perú.
FUENTES
National Geographic Magazine, números de febrero de 1971 y diciembre de 1973, Washington D.C.: National Geographic Society.
NEWMAN, SHIRLEE P: *The Incas.* New York: Franklin Watts, 1992.

Kákuy
EL TEXTO
El misterio de la metamorfosis está muy presente en las leyendas de la jungla sudamericana. El relato del kákuy ha sido contado tanto por autores argentinos como bolivianos. Es posible que nos recuerde el realismo mágico que aparece frecuentemente en la literatura latinoamericana contemporánea.
FUENTES
LARA, JESÚS: *Leyendas quechuas. Antología.* La Paz, Bolivia: Ediciones Librería Juventud, 1960.
EL ARTE
• La pintura hecha al óleo, en la página 58, muestra la jungla sudamericana.
• El linóleo en la página 59, está basado en un arete de los usados por los nobles, labrado en oro y turquesas y hallado en una sepultura moche en Perú.
• La pintura en la página 62, muestra la transformación de la niña egoísta en mi interpretación del misterioso pájaro nocturno del Chaco, *nyctibius jamaicensis,* comúnmente llamado *kákuy.*
• La pintura en la página 63, muestra la noche en el Chaco boliviano, un área semi-árida junto a la jungla norte de la región Oriente de Bolivia.
FUENTES
National Geographic Magazine, número de octubre de 1988. Washington D.C.: National Geographic Society.

El chasqui
EL TEXTO
Esta leyenda ocurre en los tiempos coloniales, cuando los chasquis o correos ya no tenían la posición privilegiada que poseían durante el imperio. Ya que trae al lector a tiempos más cercanos a los quechuas de hoy día, pensé que este relato sería un buen final para la jornada que comenzó en las tierras de los taínos.
FUENTES
LARA, JESÚS: *Mitos, leyendas y cuentos de los quechuas.* La Paz, Bolivia: Editorial Los Amigos del Libro, 1973.
EL ARTE
• La pintura hecha al óleo, en la página 64, mues-

tra una vista del altiplano andino. Los indios del altiplano actualmente usan gorros tejidos a mano, similares a los usados durante los tiempos coloniales, para así protegerse del aire helado de los Andes.

• El linóleo en la página 65, muestra un motivo de una túnica colonial peruana.

• Las vías reales que se muestran en la página 68, son aún recorridas por los indios de hoy día. A lo largo de estas vías, relevos de chasquis llevaban mensajes a toda velocidad, manteniendo así al emperador en contacto con su reino.

FUENTES

National Geographic Magazine, número de diciembre de 1973. Washington D.C.: National Geographic Society.

Vocabulario

Allqö (AL-ko) · Palabra en quechua que denomina al perro.

Ayllukullama (ail-ju-ku-LJA-ma) · Palabra compuesta en quechua que corresponde al nombre de una ciudad. Quiere decir: "Lugar de las llamas" o lugar donde habitan las llamas.

Boriquén (bo-ri-KEN) · Nombre aborigen de la Isla de Puerto Rico. El nombre se ha escrito de diversas maneras por cronistas e historiadores: Borichen, Boriquién, Borriquén, etc. La variante que ha prevalecido, tanto oral como por escrito, del nombre originario Boriquén, es Borinquen.

Hanan Cusco (AN-an KUS-ko) · Palabras en quechua que usa el Inca Garcilaso de la Vega para identificar el Cusco alto.

Hurin Cusco (UR-in KUS-ko) · Palabras en quechua que usa el Inca Garcilaso de la Vega para identificar el Cusco bajo.

Jeques (JE-kes) · Nombre que usa Fray Pedro Simón, cronista de los reinos de Nueva Granada, para identificar a los sacerdotes encargados de la vigilancia de la laguna, cuando relata mitos y costumbres de los indios muiscas de Colombia. La palabra se usa con este significado por varios otros historiadores.

Kákuy (KA-kui) · Palabra en quechua que denomina un ave nocturna del bosque chaqueño.

Mama Ocllo Huaco (MA-ma OK-ljo WA-ko) · Hermana y esposa de Manco Cápac, según Garcilaso de la Vega.

Murumuru (MU-ru-MU-ru) · Palabra en quechua que denomina a cierto insecto melífero del bosque chaqueño, codiciado por su exquisita miel.

Naborias (na-BO-rias) · También naboría o naborí. En los primeros tiempos de la conquista de América, indio o india de servicio.

Sebastián de Benalcázar · También llamado Sebastián de Belalcázar por algunos cronistas. Conquistador español (1480–1551) que participó con Pizarro en la conquista del Perú. Emprendió la campaña del Ecuador, y fundó la ciudad de Quito.

Suliuu (SU-lju) · Verbo en lengua chatina que denota estado. Quiere decir: está tendido.

Te Deum · Primeras palabras del cántico en latín tedéum. Cántico de acción de gracias.

Yuyu (DZU-dzu) · Palabra en quechua que denomina hierbas tiernas comestibles.